LOS HORÓSCOPOS Ψ EL CRISTIANO

¿Predice la astrología el futuro con exactitud?
¿Es compatible con el cristianismo?

LOS HORÓSCOPOS Ψ EL CRISTIANO

¿Predice la astrología el futuro con exactitud?
¿Es compatible con el cristianismo?

Robert A. Morey

BETANIA

Betania es un sello de Editorial Caribe, Inc.

© 2002 Editorial Caribe, Inc.
Una división de Thomas Nelson, Inc.
Nashville, TN—Miami, FL, EE.UU.
www.caribebetania.com

Título en inglés: *Horoscopes and the Christian*
©1981 por Robert A. Morey
Publicado por Bethany House Publishers

A menos que se señale lo contrario, todas las citas bíblicas
son tomadas de la Versión Reina-Valera 1960
© 1960 Sociedades Bíblicas Unidas en América Latina.
Usadas con permiso.

Traductor: Dr. Guillermo Vásquez

ISBN: 0-88113-649-2

Impreso en EE.UU.
Printed in U.S.A.

Contenido

Introducción

La astrología es un gran negocio. Hay más de 175.000 astrólogos de tiempo parcial y 10.000 astrólogos de tiempo completo en los Estados Unidos. ¡Más de 2.000 periódicos publican horóscopos diariamente! Se calcula que los norteamericanos creyentes en la astrología van desde los 32 millones hasta más o menos la mitad del total de la población.

La popularidad de la astrología se puede ver donde quiera; ¡y esto incluye camisetas con signos astrológicos, joyería, manteles individuales en los restaurantes y máquinas expendedoras de horóscopos!

El negocio de la astrología mueve varios cientos de millones de dólares al año. Sus posibilidades futuras son brillantes porque los productos (los horóscopos) están supuestos a ser leídos una vez y luego descartados. Los nuevos horóscopos deben comprarse todos los días. Este ciclo completo de la mercadería explica porqué los financieros astutos intentan hacerse de dinero con esta novelería.

¿Cuál debe ser nuestra actitud hacia la astrología? ¿Qué debemos decir cuando alguien nos pregunta cuál es nuestro signo astrológico? ¿Debemos leer los horóscopos de los periódicos, pensando que es, simplemente, un entretenimiento inocente? ¿Debemos usar joyería astrológica? ¿De qué se trata la astrología? ¿Es verdadera?

Este libro contestará todas estas preguntas a fin de que podamos responder inteligentemente a los astrólogos del siglo veintiuno.

1

Vino de Babel, no de la Biblia

La astrología es la creencia de que los destinos de las naciones y de los individuos se determinan por las posiciones relativas de las estrellas. Estos destinos pueden ser descubiertos mediante un examen detallado de los horóscopos, los cuales han sido trazados por astrólogos profesionales.

Al decir «astrología», nos referimos a la astrología *occidental*. La astrología oriental o china tiene doce «signos» o animales (rata, buey, tigre, conejo, dragón, serpiente, caballo, oveja, mono, gallo, perro y cerdo). Los doce signos de la astrología oriental corresponden a doce *años* diferentes, mientras que la astrología occidental tiene doce signos para doce casas en un año. Puesto que la astrología oriental no tiene vigencia en occidente y no adoptó el zodíaco o los cálculos de Tolomeo, no nos referiremos más a esta.

La astrología cósmica

La astrología cósmica es la práctica de predecir el futuro de una nación. Es la forma más antigua de astrología. Muchos astrólogos practicaron la astrología cósmica en la antigua Babilonia y en Egipto.[1]

Esta forma primitiva de astrología estaba conectada con la adoración a los astros o *Tsabaistism*.[2] Se «consultaba» a los «astros», y consideraban que tenían poder sobre el hombre porque se suponía que eran dioses.

Esta antigua forma de adoración planetaria fue la causa para que Dios destruyera la Torre de Babel (Génesis 11.1-9). Esta ignominiosa torre no fue construida para llegar «al cielo» como se traduce erróneamente en la Biblia. Más bien, los arqueólogos identifican la Torre de Babel como un *zigurat* o torre astrológica desde cuya cúspide los sacerdotes dirigían la contemplación y adoración al sol, la luna y los planetas.

El Antiguo Testamento y la astrología

Las Escrituras del Antiguo Testamento contienen muchas referencias a la adoración astrológica de los planetas. El becerro de oro que Aarón hizo fue el dios astrológico Taurus, el toro (Éxodo 32.1-35; Deuteronomio 9.16-21; Nehemías 9.18; Salmos 105.19-21; Hechos 7.39-43).

Durante la época de los Reyes, la práctica de la astrología cósmica y la adoración planetaria fue restablecida en Israel. El rey Jeroboam hizo dos toros de oro y los colocó en Bet-el y Dan, diciendo: «He aquí tus dioses, oh Israel» (1 Reyes 12.26-29). El profeta de Dios se lamentó: «Y esto fue causa de pecado; porque el pueblo iba a adorar delante de uno hasta Dan» (1 Reyes 12.30). La adoración astrológica y la adoración a Jehová competían por el corazón del pueblo.

La frase «los pecados de Jeroboam» llegó a ser un dicho. El registro del surgimiento y la caída de los reyes de Israel y Judá incluye el dato de si ellos permitían o impedían la práctica de la astrología (2 Reyes 10.28-31).

La sentencia final de Israel estaba relacionada directamente a la participación de su pueblo en la adoración astrológica de los planetas.

Dejaron todos los mandamientos de Jehová su Dios, y se hicieron imágenes fundidas de dos becerros, y también imágenes de Asera, y adoraron a todo el ejército de los cielos, y sirvieron a

Baal; e hicieron pasar a sus hijos y a sus hijas por fuego; y se dieron a adivinaciones y agüeros, y se entregaron a hacer lo malo
ante los ojos de Jehová, provocándole a ira [...] Y desechó Jehová a toda la descendencia de Israel, y los afligió, y los entregó en
manos de saqueadores, hasta echarlos de su presencia (2 Reyes
17.16, 17, 20).

El rey Roboam de Judá no solamente erigió imágenes de
Taurus sino también de Aries, la cabra (2 Crónicas 11.15; Levítico 17.7). El dios Moloc, a quien le hacían sacrificios humanos,
fue otro dios astrológico que era adorado (Levítico 18.21;
20.1-6). Representaba al sol y era adorado arrojando niños vivos al fuego que ardía en su vientre.[3]

La adoración a Moloc y «Renfán» o Saturno es condenada
en Hechos 7.43: «Antes bien llevasteis el tabernáculo de Moloc,
y la estrella de vuestro dios Renfán, figuras que os hicisteis para
adorarlas. Os transportaré, pues, más allá de Babilonia».

Cuando se levantaron reyes piadosos como Josías en Israel,
ellos limpiaron la nación de todos los elementos de astrología.
Varias deidades astrológicas se mencionan en el siguiente rela-
to:

Entonces mandó el rey [Josías] al sumo sacerdote Hilcías, a los
sacerdotes de segundo orden, y a los guardianes de la puerta,
que sacasen del templo de Jehová todos los utensilios que habían sido hechos para Baal, para Asera y para todo el ejército de
los cielos; y los quemó fuera de Jerusalén en el campo del Cedrón, e hizo llevar las cenizas de ellos a Bet-el. Y quitó a los sacerdotes idólatras que habían puesto los reyes de Judá para que
quemasen incienso en los lugares altos en las ciudades de Judá,
y en los alrededores de Jerusalén; y asimismo a los que quema-
ban incienso a Baal, al sol y a la luna, y a los signos del zodíaco,
y a todo el ejército de los cielos. Hizo también sacar la imagen
de Asera fuera de la casa de Jehová, fuera de Jerusalén, al valle

del Cedrón, y la quemó en el valle del Cedrón, y la convirtió en polvo, y echó el polvo sobre los sepulcros de los hijos del pueblo. Además derribó los lugares de prostitución idolátrica que estaban en la casa de Jehová, en los cuales tejían las mujeres tiendas para Asera (2 Reyes 23.4-7).

El Antiguo Testamento se refiere a la participación frecuente de Israel en la adoración a Baal cerca de cien veces. Baal era el dios del sol fenicio. El Israel apóstata fue tan lejos como llegar a construir casas dedicadas a la adoración al sol (Baal) y aun a instalar caballos y carrozas dedicados a la adoración al sol (2 Reyes 23.11).[4]

La palabra «asera» se refería a la adoración fenicia de Venus o la luna como la diosa del amor, la fertilidad y la buena suerte.[5] «Asera» indica la adoración de *Astarte*. C.F. Keil comenta:

> La adoración sirofenicia a los astros, en la que el sol y la luna eran adorados bajo los nombres de Baal y Astarte como los que tenían los poderes masculinos y femeninos de la naturaleza, y era pura adoración a los astros [...] Los astros eran adorados [...] como los líderes y los reguladores de las cosas terrestres.

El quemar incienso se llevó a cabo no simplemente para el sol y la luna sino también para los signos del zodíaco y para todo el ejército de los cielos, esto es, para todos los astros (cap. XXIII. 5); por lo cual, sin lugar a dudas, entendemos que el sol, la luna, los planetas y otros astros fueron adorados en conjunto con el zodíaco, y con este estaban conectados la astrología, la auguración y los horóscopos.[6]

La frase «a los signos del zodíaco», que se encuentra en 2 Reyes 23.5, ¡en realidad quiere decir «a los doce signos» en hebreo! Lange anota que la frase en hebreo se refiere a «las doce divisiones del zodíaco, marcadas por las figuras y nombres de animales: las doce constelaciones del zodíaco».[7]

Los profetas del Antiguo Testamento condenaron unánimemente la adoración a los planetas. Jeremías rechazó la adoración a «la reina del cielo», la luna (Jeremías 7.18; 44.17-25). Él profetizó juicio divino sobre Israel por estar involucrado en la adoración astrológica (Jeremías 19.13).

El profeta Ezequiel condenó a los hombres de Israel por adorar al sol (8.16) y a las mujeres de Israel por «endechar a Tamuz» (8.14). Tamuz o Adonis «introdujo la adoración a los siete planetas y a los doce signos del zodíaco, y [...] fue exaltado a dios después de su muerte, y honrado con un festival de endecha».[7] ¡Pinturas de las criaturas del zodíaco, de hecho, fueron colocadas en las paredes del templo y adoradas (8.10-11)!

La maldad involucrada no era simplemente idolatría sino *adivinación* para poder predecir el futuro. Jeremías advirtió:

> En aquel tiempo, dice Jehová, sacarán los huesos de los reyes de Judá, y los huesos de sus príncipes, y los huesos de los sacerdotes, y los huesos de los profetas, y los huesos de los moradores de Jerusalén, fuera de sus sepulcros; y los esparcirán al sol y a la luna y a todo el ejército del cielo, a quienes amaron y a quienes sirvieron, en pos de quienes anduvieron, a quienes preguntaron, y ante quienes se postraron (Jeremías 8.1, 2a).

Dios condenó la participación de Israel en la astrología cósmica porque era parte del mundo de las religiones ocultas que le rodeaba. A Israel se le prohibió participar en cualquier arte oculto por medio del cual se pudiera predecir el futuro.

> Cuando entres a la tierra que Jehová tu Dios te da, no aprenderás a hacer según las abominaciones de aquellas naciones. No sea hallado en ti quien haga pasar a su hijo o a su hija por el fuego, ni quien practique adivinación, ni agorero, ni sortílego, ni hechicero, ni encantador, ni adivino, ni mago, ni quien consulte a los muertos. Porque es abominación para con Jehová cual-

quiera que hace estas cosas, y por estas abominaciones Jehová tu Dios echa a estas naciones de delante de ti (Deuteronomio 18.9-12).

El profeta Isaías escogió a los astrólogos de Israel para una burla especial. Ellos le predecían al Rey que Israel *no* caería, pero Isaías predecía que *sí*. En esta clásica confrontación entre el horóscopo y la revelación divina, Isaías declaró:

Vendrá, pues, sobre ti mal, cuyo nacimiento no sabrás; caerá sobre ti quebrantamiento, el cual no podrás remediar; y destrucción que no sepas vendrá de repente sobre ti. Estate ahora en tus encantamientos y en la multitud de tus hechizos, en los cuales te fatigaste desde tu juventud; quizá podrás mejorarte, quizá te fortalecerás. Te has fatigado en tus muchos consejos. Comparezcan ahora y te defiendan los contempladores de los cielos, los que observan las estrellas, los que cuentan los meses, para pronosticar lo que vendrá sobre ti. He aquí que serán como tamo; fuego los quemará, no salvarán sus vidas del poder de la llama; no quedará brasa para calentarse, ni lumbre a la cual se sienten (Isaías 47. 11-14).

Los profetas del Antiguo Testamento basaron su hostilidad hacia la astrología en dos cosas: (1) La astrología era una forma de politeísmo y conducía a la adoración planetaria. (2) Era un arte oculto prohibido por Moisés, ya que se debía consultar al Dios de Israel y no a las estrellas si necesitaban información.

La astrología natal

La astrología era practicada solamente para los reyes y las naciones hasta que Alejandro el Grande la llevó a Grecia después de sus conquistas. La mente científica de los griegos pronto rediseñó este arte y lo convirtió en una ciencia que aplicaba a todos.[9] El principal arquitecto fue Tolomeo (130 d.C.).

Tolomeo, en el *Tetrabiblos,* finalizó el zodíaco y el método de hscer los horóscopos por las posiciones del sol, la luna, Mercurio, Venus, Marte, Júpiter y Saturno en el momento en que una persona nace.[10] Una vez que se conocía la hora exacta del nacimiento de una persona, podían predecir su futuro. La astrología ya no era solamente para los reyes sino que ahora sería también para las masas.

El zodíaco es el cinturón imaginario en el cielo en el que se mueven los planetas en sus respectivas órbitas. Se basa en las constelaciones observables. El zodíaco se divide en doce casas con 30 grados en cada casa. Usando el zodíaco, la posición exacta de los siete astros se puede calcular en cualquier momento. Un año civil es dividido en doce secciones, con fechas para cada casa. Por ejemplo, si uno nace entre Octubre 23 y Noviembre 22, su signo es Escorpio.

El zodíaco de siete astros y doce casas de Tolomeo es todavía utilizado por la inmensa mayoría de los astrólogos.[11]

La era cristiana

La iglesia primitiva fue tan hostil a la astrología natal como el Antiguo Testamento fue hostil a la astrología cósmica. Los primeros convertidos fueron alentados a quemar toda su parafernalia astrológica (Hechos 19.18-20).

En el *Didache*, un manual de la iglesia de fines del primer siglo o principios del segundo, encontramos esta advertencia: «Hijo mío, no trates con los agüeros, puesto que conducen a la idolatría, ni con los encantadores, ni con los astrólogos, ni con los magos, ni quieras mirarlos; porque por todas estas cosas se engendra idolatría».[12]

En el Concilio de Laodicea en el 345 d.C. (Canon 36), la astrología fue prohibida, y los astrólogos fueron expulsados del clero.

El ataque de San Agustín a la idolatría es bien conocido. Él había sido un creyente en la astrología antes de ser cristiano. Después de convertirse al cristianismo, adoptó la hostilidad de la Biblia hacia ella.[13]

La reintroducción de la filosofía griega (Aristóteles) por Tomás de Aquino devolvió el favor a la astrología. A medida que la iglesia se corrompía más, se volvió hacia los antiguos fundamentos paganos de la cultura occidental. Para la época del renacimiento, la astrología fue practicada nuevamente por la realeza y las masas. La astronomía y la astrología se vieron como una sola y misma «ciencia».

Los reformadores protestantes siguieron el ejemplo de Agustín y vieron a la astrología como una adivinación satánica. En los países protestantes, la astrología fue prohibida por la ley y condenada por la iglesia.[14] Aun así, la astrología continuó floreciendo. La relación del Dr. Dee con la reina Isabel I es todavía un ejemplo excelente de la influencia de los astrólogos en la clase real.[15]

La revolución científica

Aunque las iglesias protestantes habían fracasado en romper la influencia de la astrología en la sociedad, los descubrimientos de Copérnico le dieron un tremendo golpe.

Tolomeo había desarrollado su zodíaco y todos sus cálculos basado en la suposición de que la tierra era el centro del universo. Dijo que el sol, la luna y los cinco planetas daban vueltas alrededor de la tierra y enfocaban sus «poderes» sobre la tierra para determinar el destino de todos los seres humanos.[16]

Con el conocimiento de que la tierra era solamente uno de varios planetas que giraban alrededor del sol, en vez de ser el centro del universo que dijo Tolomeo, la gente comenzó a abandonar la astrología como si fuera un cuento de viejas.[17]

El comienzo de la *astronomía* científica significaba la destrucción de la *astrología*.

La revolución oculta

El final del siglo diecinueve fue testigo de la declinación de la religión formal debido a la secularización del cristianismo y el avivamiento de las religiones ocultas tales como la Teosofía, las teorías ocultas tales como la reencarnación y las prácticas ocultas tales como la astrología.[18]

El periódico *Seatle Daily Times* del 8 de septiembre de 1975 observaba: «La historia ha demostrado que la astrología se desarrolla mejor en tiempos de declinación religiosa e inquietud social».

Conclusión

La astrología de nuestros días tiene sus raíces en la adoración planetaria de las antiguas civilizaciones de la Media Luna fértil. Su popularidad ha aumentado y ha disminuído a través de los siglos. Aunque sufrió mucha declinación bajo el cristianismo primitivo y con el surgimiento de la ciencia moderna, regresó con fuerza en el siglo veinte.

2

Los astrólogos defienden
su caso

Argumento número uno

«La astrología es verdadera porque está verificada por la experiencia común. Los nacidos bajo el mismo signo tendrán los mismos rasgos de personalidad y, probablemente, terminarán teniendo las mismas ocupaciones. Si una persona lee fielmente su horóscopo diario, su experiencia de día en día se ajustará a la astrología. Los astrólogos pueden determinar el signo de una persona simplemente mirando su personalidad».[1]

Examen del argumento

«Experiencia común» o «experiencia personal» es un patrón de prueba no confiable. Las experiencias personales o subjetivas, a menudo, son contradictorias y, por eso, se refutan la una a la otra. No se puede probar nada con argumentos sacados de experiencias personales subjetivas.

Según el astrólogo Van Deusen, mi ocupación no podría ser la de un clérigo, filósofo, profesor universitario, teólogo, etc., porque nací bajo el signo equivocado.[2] De manera que *mi* «experiencia personal» anula efectivamente la «experiencia personal» de los astrólogos, puesto que mi ocupación incluye todo lo mencionado.

Si utilizamos una prueba científica objetiva para comprobar la confiabilidad de los rasgos astrológicos de la personalidad, encontramos que la evidencia empírica está contra la astrología.

Dos sicólogos, el Dr. Silverman de Roosevelt University y el Dr. Whitner de Stockton State College, diseñaron una prueba para los rasgos astrológicos de la personalidad.

Silverman y Whitner le pidieron a 130 estudiantes y miembros de la facultad que se clasificaran de acuerdo a una lista de rasgos de la personalidad tales como agresividad, creatividad, ambición y adaptabilidad. A cada uno se le pidió nombrar a un amigo cercano a quien se le encargó hacer calificaciones similares de la naturaleza del sujeto. Además, cada estudiante y miembro de la facultad llenó el Inventario Eysenck de la Personalidad y señaló el tiempo y el lugar exacto de su nacimiento, de manera que su signo del sol, su signo de la luna y su signo ascendente pudieran ser determinados. Los astrólogos consideran a estos signos como las influencias más importantes de la personalidad. Los análisis de los resultados no encontraron ninguna relación entre la auto descripción de los sujetos, la descripción que hicieron sus amigos o sus clasificaciones en el examen sicológico y las características atribuídas a ellos por los horóscopos.[3]

En términos de «experiencia común», hay también la prueba decisiva del *dinero*. Puesto que los astrólogos del mundo occidental han estado practicando su «ciencia» por milenios, esto lleva a pensar que deberían haber reunido para ellos toda la riqueza del mundo. Usando la astrología, deberían haber «ganado» en todos los mercados de acciones y de productos. Deberían haber ganado todas las apuestas de las carreras de caballos. Como proclaman que la astrología es «verdadera» porque «funciona», permitan que los registros financieros de los astrólogos sean auditados.

Es obvio pensar que, si la astrología *realmente* funcionara, los astutos hombres de negocio de Wall Street hubieran golpeado las puertas de los astrólogos hace mucho tiempo. Pero, como nos dijo un corredor de bolsa de Wall Street: «Si quieren perder su dinero, utilicen la astrología para comprar acciones».

Si la astrología es confirmada por la experiencia, ¿qué le pasó a Hitler? Hitler era un creyente devoto en la astrología.[4]

Cuando se dirigió al Congreso Internacional de Astrología en 1936, expresó su entusiasmo por la astrología y animó a los astrólogos a continuar su trabajo.[5]

La evidencia histórica indica que los líderes nazis consultaron a los astrólogos para sus movimientos militares. Con el tiempo, sus derrotas fueron tan terribles que Hitler se volvió a los astrólogos con venganza. En el mes de abril anterior a su muerte, ¡los astrólogos todavía predecían un buen futuro para Alemania y para Hitler!

Cuando es vista objetivamente, la astrología no verifica sus aseveraciones en la experiencia común. Los rasgos astrológicos de la personalidad o son puestos en sinónimos a fin de que todos los rasgos bajo todos los signos estén garantizados a ajustarse a todos, o son inexactos. No hay doce personalidades básicas que correspondan al zodíaco.

Argumento número dos

«La astrología es verdadera porque, por ella, podemos predecir el futuro. El gran astrólogo Nostradamus predijo quién sería el nuevo papa. El Dr. Dee predijo la ascensión al trono de la reina Isabel. Lily predijo el incendio de Londres y las plagas que lo siguieron. Una y otra vez, los astrólogos han tenido razón. Tales profecías cumplidas prueban la veracidad de la astrología».[6]

Examen del argumento

Los astrólogos dicen que ellos han anticipado el futuro con exactitud con tantos detalles y en tantas ocasiones que sus pre-

dicciones no deben ser vistas en términos de casualidades. Esta
aseveración debe ser probada y no simplemente asumir que es
verdadera. La mayoría de los libros sobre astrología menciona
solamente los «éxitos» y nunca admiten los fracasos.

Las predicciones astrológicas no deben ser tan vagas como
para que se garantice su cumplimiento alguna vez por alguien
en algún momento. Afirmaciones tales como: «Habrá muchos
divorcios el próximo año» difícilmente califican como predicciones justificables. Es una ley inviolable que *una predicción que
puede ser cumplida por cualquier cosa, no puede ser validada
por nada.*

Cavendish comenta:

La vaguedad del lenguaje astrológico es una de las razones para
el fracaso de los astrólogos en ponerse de acuerdo en la inter-
pretación de un conjunto dado de posiciones planetarias. El hecho de que muchas predicciones astrológicas abarquen tanto
que difícilmente puedan fallar en cumplirse se debe a la vaguedad del lenguaje del astrólogo tanto como a su precaución na-
tural.[7]

Las predicciones del horóscopo diario son tan vagas que
cualquier predicción bajo cualquier signo «parece» cumplirse.
El editor de un periódico descubrió este hecho y lo usó para
ahorrar dinero.

La insustancialidad de los horóscopos fue demostrada indirec-
tamente por el editor de un gran periódico que fue obligado a
publicar una versión vieja del horóscopo cuando el material
nuevo no llegó a tiempo para su publicación. Ninguno de los
100.000 lectores se quejó de alguna irrelevancia, de manera
que el editor concluyó que podía ahorrarse el costo de nuevos
horóscopos y repetir los viejos.[8]

Como un experimento, quitamos el signo de identificación para cada predicción y pedimos que las personas trataran de encontrar la predicción que describía su día. Una vez que tenían su predicción, identificamos qué predicción estaba de acuerdo con qué signo. Virtualmente, ninguno había escogido su signo, y casi todos sintieron que varias predicciones describían su día.

El argumento de que una predicción *cumplida prueba* la astrología significa, lógicamente, que una predicción no cumplida *refuta* la astrología. Algunos astrólogos tratan de evitar el principio mencionado diciendo: «Cuando la predicción se cumple, esto prueba la astrología. Si no se cumple es debido al hecho de que las estrellas no compelen sino que solamente impelen. Las personas no cooperan con las estrellas. Así que las predicciones no cumplidas son irrelevantes». De esta manera, ¡garantizan que no pueden fallar!

En realidad, ya que los astrólogos han ofrecido el cumplimiento de sus predicciones como «prueba» de su sistema, las predicciones no cumplidas son argumentos válidos contra el sistema.

Predicciones astrológicas que no se cumplieron

Las predicciones cumplidas son enumeradas con todo detalle por astrólogos tales como Russell y Glass. Necesitamos poner las cosas claras haciendo una lista correspondiente de predicciones que han fallado. Los siguientes ejemplos son de algunas de las predicciones astrológicas que fallaron indiscutiblemente:

1. En 1524 a.C. ocurrió una alineación de los planetas. Este fenómeno ocurre repetidamente y ocurriría nuevamente en 1982. Los astrólogos predijeron que sobrevendrían toda clase de catástrofes en el mundo (inundaciones, terremotos, incendios, etc.). Las personas huyeron a las montañas mientras se aproximaba la fecha. Nada extraordinario sucedió.

2. Bonato, un célebre astrólogo del siglo trece, no pudo predecir su propia muerte con exactitud.[10]

3. En 1609, el astrólogo Galileo trazó un horóscopo para el duque de Toscana, el cual indicaba que el Duque disfrutaría de una larga vida. El Duque murió dos semanas después.[11]

4. Los astrólogos trazaron un horóscopo para el filósofo francés Voltaire, el cual situaba su muerte a la edad de 32 años. Cuando Voltaire tenía 60 años, publicó un panfleto «disculpándose» porque su edad refutaba la astrología.[12]

5. Los astrólogos no pudieron predecir el comienzo de la Segunda Guerra Mundial. Es más, cuando esta comenzó, dijeron que Inglaterra no participaría.[13]

6. Durante la Segunda Guerra Mundial, varios periódicos de Inglaterra publicaron las predicciones de los astrólogos respecto al curso de la guerra y su resultado final. Las predicciones astrológicas no se cumplieron.[14]

7. Hitler utilizó la astrología en su intento de ganar supremacía militar. Fracasó en alcanzar su meta y sufrió una muerte espantosa.[15]

8. Un astrólogo moderno, Manly Palmer Hall, afirmó que, puesto que los Estados Unidos estaría en un ciclo sagitario durante 1960 a 1980, la nación experimentaría un progreso sorprendente y dirigiría la vida social e intelectual del mundo. Triste es decir que los Estados Unidos declinaron de 1960 a 1980.[16]

9. Los astrólogos fracasaron en predecir el asesinato del Presidente Kennedy, y, en vez de eso, predijeron su reelección.[17]

10. El gobierno comunista en China debía caer del poder para 1970.[18]

11. El «Reluctant Prophet» [El profeta reacio], de Daniel Logan, predijo que la guerra de Vietnam continuaría de 1965 a 1985, y que Estados Unidos y Rusia serían aliados contra China antes de 1980.[19]

12. Los astrólogos predijeron que California se hundiría en el mar en 1969. California permanece intacta.[20]

Se podrían citar muchas otras predicciones no cumplidas,[21] pero estos doce ejemplos son suficientes para desafiar bastante la confiabilidad de la astrología para predecir el futuro.

Nostradamus

Casi todos los libros pro astrología se refieren a Nostradamus como el ejemplo *par excellente* de la capacidad de los astrólogos para predecir el futuro. Puesto que sus profecías han sido reunidas y traducidas en un volumen,[22] podemos comprobar fácilmente la exactitud de sus predicciones.

La lectura de las profecías de Nostradamus comprueba el comentario de Mackay de que las profecías de Nostradamus «abarcan una latitud tan grande, tanto en el tiempo como en el espacio, que es casi seguro que se cumplan de una manera u otra en el transcurso de unos pocos siglos».[23]

Aun el mismo Nostradamus admitió que sus profecías eran vagas. Su única defensa fue declarar que *pudo* haber dado fechas y detalles exactos, ¡pero que no *quiso* hacerlo!

El traductor H. Roberts complica las cosas jugando con las fechas y hechos en un intento por salvar a Nostradamus de predicciones erradas. Pero, si uno examina con cuidado las pocas predicciones en las que Nostradamus dio datos específicos, encontrará que Nostradamus falló en predecir acontecimientos futuros con exactitud:

1. Predijo que, para 1792, Venecia, Italia, llegaría a tener gran poder e influencia en el mundo.[24] Venecia todavía está esperando que esto suceda.

2. La caída de la clerecía católica en 1609 d.C. que él predijo nunca se materializó.[25]

3. Nostradamus predijo que en 1792 d.C. surgiría la persecución contra la iglesia católica. Sería más grave que la persecución contra la iglesia en Africa del Norte. Puesto que la iglesia

en Africa del Norte dejó de existir, la presencia prolongada de la iglesia católica parece refutar la predicción de Nostrada-mus.[26]

4. Los astrólogos debían ser perseguidos en el 1607 d.C. Esto nunca sucedió.[27]

5. Para el año 1700 d.C., China «dominaría toda la sección norte» del mundo.[28]

Puesto que las predicciones mencionadas, como están, son unos fracasos, el señor Roberts intenta añadir años a las fechas. Por ejemplo, los astrólogos debían ser perseguidos en 1607, según Nostradamus. Roberts dice que Nostradamus, en realidad, quiso decir en 1932. Pero no vemos ninguna razón para tales manipulaciones. La predicción de Nostradamus también falló en 1932.[29]

Predicciones respecto al clima

Los astrólogos han pretendido por siglos tener la capacidad para predecir el clima. Pero ¿se han cumplido sus predicciones?

Peco della Mirandola, en el siglo dieciséis, decidió probar las predicciones astrológicas sobre el clima. Su conclusión es interesante:

> He estado tomando notas de las condiciones del clima durante todo un invierno y comprobándolas con las predicciones. En los 130 días o más que hice mis observaciones, hubo solamente seis o siete que concordaron con la predicción publicada.[30]

Investigaciones modernas sobre la confiabilidad de las predicciones astrológicas sobre el clima han validado la conclusión de Mirandola.[31] Las computadoras de los meteorólogos tienen un mejor promedio de éxito que los horóscopos de los astrólogos.

Argumento número tres

«La astrología fue practicada por los escritores de la Biblia. Después de todo, ¿cómo predijo Noé el diluvio, y cómo profetizaron los profetas? Ellos usaron la astrología. En efecto, los hebreos fueron los astrólogos del mundo antiguo. Los "tres magos" fueron astrólogos. Por lo tanto, la Biblia respalda la astrología». [32]

Examen del argumento

La ignorancia de los astrólogos sobre la Biblia

Nuestro estudio en el capitulo uno de la historia de la astrología revela claramente que los autores bíblicos condenaron toda forma de astrología. Los profetas del Antiguo Testamento atribuyeron la destrucción final de Israel como nación a la participación nacional en la astrología cósmica y en la adoración planetaria. ¡Con tan claras enseñanzas de la Biblia en la mente, es sorprendente que los astrólogos pretendan poner la Biblia de su lado!

Russell dice que no hay nada sobre la astrología en el Antiguo Testamento, ¡pero luego afirma que los profetas bíblicos fueron astrólogos![33] También dice que la astrología «nunca fue formalmente proscrita por la iglesia».[34] Evidentemente, él no sabía del Canon 36 del concilio de Laodicea que prohibe tales prácticas (vea el cap. 1).

Queriendo involucrar a la iglesia primitiva en la astrología, Russell señala las prácticas astrológicas de una misteriosa religión griega llamada «gnosticismo». Sin embargo, los autores del Nuevo Testamento denunciaron claramente al gnosticismo como una religión pagana.[35] Russell falla en manifestar aunque sea un mínimo conocimiento de la historia de la iglesia o de las Escrituras.

Lo mismo se puede decir de J. Goodavage, quien imprimió:

«*How Ancient Biblical Disasters Were Foreseen*» [Cómo se predijeron los antiguos desastres bíblicos][36], y «*The Great Biblical Prophets Were Astrologers*» [Los grandes profetas bíblicos fueron astrólogos].[37]

Él aun dice que «la Biblia está llena de» astrología.[38]

En el «Your Personal Problem Department» [Su departamento de problemas personales], *The Horoscope Guide* (Junio, 1980, p. 8), L.H. le pregunta a Georgina Tyler: «¿Da la Biblia referencias a la astrología en muchas ocasiones? Si es así, ¿dónde puedo encontrarlas?»

La respuesta de Georgina es: «La Biblia comprueba la astrología en muchas ocasiones».

Ella dijo que Isaías 47.13-14 «comprueba» la astrología. Sin embargo, falla en darse cuenta que esta referencia *condena* a Israel por practicar la astrología. Isaías advierte a los astrólogos que ellos y sus predicciones serán destruidos.

De esta manera, nos enfrentamos con astrólogos que dicen que la Biblia nunca menciona la astrología (Russell) y con aquellos que dicen que la Biblia está llena de ella (Goodavage). Generalmente, las referencias bíblicas son citadas fuera de contexto y forzadas a decir exactamente lo opuesto a la intención del autor.

El intento de justificar la astrología llamándola «bíblica» y afirmando que fue aceptada por la iglesia primitiva es totalmente refutado por la evidencia bíblica e histórica. La Biblia, el judaísmo del Antiguo Testamento y el cristianismo del Nuevo Testamento están unidos en su oposición a cualquier forma de astrología.

Los magos

Muchos astrólogos asumen que los magos de Mateo 2 eran astrólogos y que encontraron el camino para ir donde el niño Jesucristo por medio de un horóscopo.[39] Pero la evidencia está fuertemente en contra de esta suposición.

Primeramente, la «estrella» *no* era la conjunción de Júpiter y Saturno o de Júpiter y Venus o cualquier otro planeta.[40] La luz brillante apareció repentinamente, se movió, desapareció, reapareció y permaneció estacionaria, según Mateo 2.2, 7, 9. Difícilmente este sea el comportamiento de un planeta o estrella. Era, muy probablemente, un fenómeno sobrenatural.

En segundo lugar, los magos no eran astrólogos paganos probablemente sino gentiles convertidos al judaísmo que entendieron la afirmación de Balaam en Números 24.17: «Saldrá *estrella* de Jacob, y se levantará *cetro* de Israel». Esta profecía había sido interpretada durante siglos como refiriéndose a la llegada del Mesías.

Esto también explica porqué el rey Herodes recurrió al Antiguo Testamento en vez de llamar a los astrólogos para saber dónde había de nacer el Mesías.

> Oyendo esto, el rey Herodes se turbó, y toda Jerusalén con él. Y convocados todos los principales sacerdotes, y los escribas del pueblo, les preguntó dónde había de nacer el Cristo. Ellos le dijeron: En Belén de Judea; porque así está escrito por el profeta: Y tú, Belén, de la tierra de Judá, no eres la más pequeña entre los príncipes de Judá; porque de ti saldrá un guiador, que apacentará a mi pueblo Israel» (Mateo 2.3-6).

Finalmente, los magos no usaron la astrología para discernir el vil intento de Herodes. Un ángel les advirtió que huyeran (Mateo 2.12). No hay mención de horóscopos en este pasaje.

Argumento número cuatro

«La astrología puede ser demostrada estudiando historias de casos de gemelos astrales, es decir, personas nacidas exactamente el mismo momento. Las personas con horóscopos idénticos

vivirán vidas paralelas y experimentarán muchas cosas en común. Esta es prueba de la validez de la astrología».[41]

Examen del argumento

J. Goodavage ha hecho más para promover este argumento a favor de la astrología que cualquier otra persona. Él enumera múltiples ejemplos de gemelos astrales, cuyas vidas, supuestamente, corren paralelas la una a la otra.

La evidencia presentada por Goodavage parece impresionante hasta que uno trata de investigar sus ejemplos. Él no presenta ninguna documentación para verificar sus declaraciones.

Keith Eriksen decidió investigar las historias de casos de algunos de los gemelos astrales de Goodavage. Su investigación ha puesto un signo de interrogación sobre la exactitud y metodología de Goodavage. El siguiente es un ejemplo de lo que Eriksen descubrió mientras investigaba varias historias que Goodavage presentó.[42]

Caso Número 1 (Horoscope, Mayo, 1976):

Donald Chapman y Donald Brazill nacieron en California. Cada niño vino al mundo casi el mismo tiempo el 5 de septiembre de 1933 en pueblos vecinos separados entre sí por veinticuatro millas.

Cinco días después de su cumpleaños veintitres, el 10 de septiembre de 1956, Don Brazill de Ferndale y Don Chapman de Eureka se encontraron por primera y última vez en esta vida. Manejaban en direcciones opuestas sobre la autopista estatal 101, al sur de Eureka, un domingo por la mañana temprano, después de llevar a sus novias (ique vivía cada una en el pueblo del otro!) a su casa, cuando sus carros chocaron de frente. Ambos murieron instantáneamente... decapitados.

VERDADES

1. Fotocopias de los certificados de nacimiento revelaron que Donald Brazill nació a las 12:10 p.m. y Donald Chapman, a las 8:30 a.m. Esto, difícilmente, es «casi al mismo tiempo».

2. ¡Ellos no murieron decapitados! Los certificados de defunción indicaron que Brazill murió de una fractura del cráneo, y Chapman, de una hemorragia cerebral.

Caso Número 2 (Astrology: The Space Age Science, p. 32):

En 1939, dos mujeres no relacionadas se encontraron por primera vez en la sala de un hospital en Hackensack, N.J. Sus apellidos eran Hanna y Osborne, pero tenían el mismo primer nombre: Edna. Cada mujer tuvo una niña al mismo tiempo; las niñas pesaron lo mismo y recibieron el mismo nombre: Patricia Edna.

¿Sólo otra coincidencia? Tal vez, pero esto es lo que reveló su conversación. Los esposos de ambas se llamaban Harold. Cada Harold tenía el mismo negocio y poseía la misma marca, modelo y color de carro. Los Hannas y los Osbornes llevaban casados exactamente tres años y medio y tenían el mismo aniversario. Las bebés fueron sus primeras hijas. Ambos padres nacieron el mismo año, mes y día. Las madres también tenían la misma fecha de nacimiento y el mismo número de hermanos y hermanas. Cada Edna era una morena de ojos azules, tenían el mismo peso, la misma altura y usaban la misma clase de vestidos. Sus esposos eran de la misma religión, una diferente a la de sus esposas, la cual también era la misma. Cada familia poseía un perro llamado Spot, de la misma raza mixta y la misma edad. Ambos Spots fueron comprados al mismo tiempo y eran del mismo sexo.

VERDADES (obtenidas de la señora H.B. Hanna)

1. Las niñas nacieron con más de una hora de diferencia.

2. Los padres no tenían el mismo negocio.

3. Los padres no poseían la misma marca, modelo y color de carro.

4. Ambas parejas no tenían el mismo aniversario de matrimonio.

5. Los padres no nacieron el mismo día, mes y año.

6. Las madres no tenían la misma fecha de nacimiento.

Caso Número 3 («The Strange Mystery of Astro-Twins», Science and Mechanics, Marzo de 1967):

Parece que todos los astrólogos de la ciudad de Nueva York saben que los dos ex comisionados de la ciudad, el de policía, Michael J. Murphy, y el de bomberos, Edward Thompson, nacieron con una hora de diferencia e 19 de julio de 1913, en el mismo vecindario de Queensborough...

Cada hombre asistió a muchas de las mismas escuelas al mismo tiempo, incluyendo Brooklyn Law School. Ambos se graduaron en 1936, pero de ahí en adelante... un intervalo de 12 meses separó acontecimientos grandes y similares en sus carreras.

Así, cuando el comisionado Thompson renunció para tomar otro puesto, parecía... utilizando la astrología, que el comisionado de policía, Murphy, estaría sin empleo dentro del año. Esto funcionó de la manera más extraña, justo en el chasquido del «cuadrante» planetario, diría cualquiera.

VERDADES (obtenidas de Edward Thompson)

1. El señor Thompson dice que nadie sabe el momento exacto de su nacimiento.

2. El señor Thompson se graduó de la Brooklyn Law School en 1936, pero Michael Murphy se graduó en 1938.

Caso Número 4 (Astrology: The Space Age Science, p. 33):

El 30 de marzo de 1964, un médico y su esposa fueron sentenciados a dos años de prisión en Tucson, Arizona, por crueldad extrema a su hija adoptiva de cinco años, Tina. La niña fue encontrada por la ama de casa, golpeada, sangrante y medio muerta de hambre. Sus manos estaban fuertemente atadas detrás de su espalda, y estaba acurrucada detrás de la caldera en el sótano...

Casi al mismo tiempo, pero en otro estado, se desarrollaba una historia idéntica. Un dentista y su esposa habían golpeado y brutalizado a su hija adoptiva de cinco años de edad y la mantenían atada en el sótano de su casa. Ellos también fueron sentenciados.

¡La segunda niña era la hermana gemela de Tina, de la que ella había estado separada desde la infancia!

VERDADES (obtenidas del periódico *Tucson Star,* referencia del bibliotecario)

1. El gemelo de Tina era un hermano (gemelo fraterno).

2. El hermano gemelo murió más de un año y medio antes de que Tina fuera encontrada malamente golpeada.

3. El hermano gemelo no había estado separado de la familia. (El dentista y su esposa fueron invenciones.)

Caso Número 5 («The Strange Mystery of Astro-Twins», Science and Mechanics, marzo de 1967):

En el Jefferson Medical College de Filadelfia, los doctores

Thomas D. Duane y Thomas Behrendt llevaron a cabo un emocionante experimento con quince parejas de gemelos. En cuartos separados, brillantemente iluminados, los gemelos fueron conectados a máquinas de electro encefalogramas que producían un patrón de ondas cerebrales perfectamente identificables, llamado el ritmo alfa. A uno de los gemelos se le dijo que pestañeara cada vez que se le pidiera. El otro gemelo, por supuesto, no tenía ni idea de lo que pasaba, y no se le dijo nada sobre el propósito del experimento. Sin embargo, en casi todos los casos, ¡el gemelo que no hacía nada registraba la misma onda cerebral «enviada» por el gemelo que pestañeaba!

Verdades (obtenidas del Dr. T. Duane, M.D.)

Los resultados mostraron que solamente dos de las quince parejas de gemelos registraron ondas cerebrales idénticas.

A la luz de la investigación mencionada, no podemos aceptar las historias de casos del señor Goodavage como científicamente confiables o como «pruebas» de la astrología.

Gauquelin estudió más de 50.000 horóscopos, muchos de ellos de «gemelos astrales», para ver si hay alguna evidencia de vidas paralelas entre gemelos de tiempo. No encontró ninguna evidencia de paralelismo. Sí encontró la siguiente evidencia contra la astrología:

Ninguno de los astrólogos que estudiamos pasó la prueba clásica conocida como «la prueba de los destinos opuestos». La prueba consiste en cuarenta fechas de nacimiento, veinte de criminales bien conocidos y veinte de personas que llevaron una vida larga y pacífica. La tarea del astrólogo es separar los dos grupos de personas a base de su horóscopo de nacimiento. El resultado siempre es gran confusión; los astrólogos, invariablemente, seleccionan una mezcla de criminales y ciudadanos pacíficos, en casi las mismas proporciones que una máquina lo haría al azar. Debemos añadir que solamente astrólogos que creen sinceramente consintieron tomar nuestra prueba en primer lugar; la inmensa mayoría de charlatanes siempre encuentra una excusa para evitar una confrontación que pudiera poner en peligro su credibilidad ante la opinión pública.[43]

Argumento número cinco

«La astrofísica ha probado, finalmente, la validez de la astrología. Ahora, podemos medir las fuerzas astrológicas que determinan nuestros destinos. El Dr. Takata ha mostrado que la albúmina aumenta en la corriente sanguínea durante las manchas solares.[44] *Ahora podemos medir el efecto de la radiación del sol.*[45] *La fuerza gravitacional y la fuerza de la marea de la luna sobre los insectos, animales y el hombre ahora es clara.*[46] *El Dr. Brown demostró que las ostras se abren y se cierran de acuerdo a la fuerza de la marea de la luna.*[47] *Por fin, la ciencia ha probado que la astrología es verdadera».*

Examen del argumento

Nadie cuestiona el efecto *físico* del sol en la ionosfera, a sesenta millas sobre la tierra, o en la cantidad de albúmina en la sangre humana. La fuerza de la marea y gravitacional de la luna efectúa ciertos cambios en los insectos, los animales y el hombre. La documentación para estas cosas está aumentando a medida que se inventan nuevos instrumentos que pueden medir el efecto del sol y de la luna sobre la tierra.

Aun cuando estas cosas son verdaderas, no hay conección lógica entre la astrología y los descubrimientos de la astrofísica. El argumento de los astrólogos en este punto cae en «La falacia de los cuatro términos» (Quaternis Terminorum). Se refieren a hechos que no tienen nada que ver con la posición que desean probar.

Primero, el concepto de astrología requiere una influencia *especial* de los siete cuerpos celestiales del zodíaco. La evidencia revela solamente influencias *generales* del sol y de la luna.

Segundo, la astrología requiere que las «estrellas» allá arriba produzcan efectos *permanentes* e *inalterables* en los animales y en el hombre. La evidencia muestra que el efecto del sol y la luna es solamente *temporal* y *alterable*. La cantidad de albúmina regresa a lo normal una vez que las manchas solares han desaparecido.

Tercero, la astrología requiere que la influencia de arriba afecte el destino de *ciertos individuos* (bebés) y *en un solo momento en la vida de ese individuo* (nacimiento). La evidencia demuestra que la radiación del sol y la fuerza de la marea de la luna son *universales* y *constantes*.

Cuarto, los astrólogos enseñan que, mientras el sol y la luna rigen el cuerpo y el alma, las posiciones de *los cinco planetas del zodíaco* son más importantes para trazar los horóscopos. A pesar de esto, la evidencia que ellos señalan se refiere *solamente* al sol y a la luna. ¿Dónde está la evidencia para cualquier radiación y fuerza de mar *influyentes* de Mercurio, Marte, Júpiter y Saturno?

Cuando los astrólogos apelan a los efectos físicos y mensurables de la radiación del sol y la gravedad de la luna, esto, en verdad, significa que la radiación y la gravedad mensurables de los cinco planetas deben ser examinadas. Puesto que ellos apelan a tal evidencia para indicar que el sol y la luna influyen en nosotros en ciertas maneras, entonces, nosotros podemos apelar a la misma clase de evidencia para revelar que los cinco planetas *no* nos afectan.

Marte y el médico

¿Cuál tiene mayor fuerza gravitacional y efecto de marea sobre un infante en el momento de su nacimiento: los cinco planetas distantes del zodíaco o el médico que ayudó a nacer al niño? Lee Ratzan ha calculado que el médico tiene un efecto gravitacional y de marea más grande en el infante que el que tiene Marte. Al momento del nacimiento, cuando el médico se inclina sobre el niño, su fuerza gravitacional y de mar es más grande que la de cualquiera de los cinco planetas del zodíaco.[48] El Dr. Carl Sagan también llegó al mismo hecho matemático.[49]

El Dr. Abell ha señalado:

> La fuerza de mar producida sobre un hombre por el planeta Marte, cuando está lo más cercano a la tierra, es de cerca de 50 millones de veces menor que la fuerza de mar producida sobre el mismo hombre por la típica copia dominical de *Los Angeles Times* yaciendo sobre una mesa a seis pies de distancia.[50]

Al usar el argumento de efectos físicos *mensurables*, los astrólogos se abren a sí mismos a la refutación científica. Esto es por lo que algunos astrólogos ahora dicen que la influencia de las estrellas es en un nivel espiritual y «astral», y *no* en un nivel físico.[51]

Argumento número seis

«Varios estudios estadísticos muestran claramente que el horóscopo de un individuo determina el destino de esa persona, la personalidad, y la clase de ocupación que probablemente tendrá. Por ejemplo, M. Gauquelin ha mostrado que Marte era fuerte en el horóscopo de los soldados y de los atletas».

Estudios estadísticos contrarios

La astrología dice que las personas nacidas bajo el mismo signo manifestarán ciertas características de personalidad y temperamento y gravitarán hacia ciertas carreras. Por ejemplo, los nacidos bajo Libra serán artistas porque Venus, el planeta del arte y la belleza, rige Libra. Debemos comprobar las fechas

de nacimiento y los signos astrológicos de las personas involu-
cradas en varias carreras. Si la astrología es verdad, entonces en-
contraremos que ciertos signos predominan en ciertas carreras,
más que en otras carreras.

1. Comencemos con los pintores y los músicos. ¿Son sus números predominantemente Libra? Un científico, señor Farn-
sworth, «ha tenido la paciencia de estudiar las fechas de
nacimiento de dos mil pintores y músicos famosos [...] La supuesta correlación no existe; en efecto, la casualidad hizo que la
correlación resultara negativa; esto es, Libra tenía menos que su
cuota de artistas».[53]

2. Si tomamos la *American Men of Science* y examinamos las
fechas de nacimiento de las personas en la lista, ¿son la mayoría
de un signo?

El astrónomo J. Allen Hynek estudió las fechas de nacimiento
de los científicos incluídos en *American Men of Science*. La dis-
tribución de las fechas según los signos zodiacales cayó en un
patrón de azar. Las variaciones estacionales en el número de
nacimientos, las cuales, como Huntington ha descubierto, ocu-
rren en cada población, también fueron descubiertas por
Hynek; pero estas no tienen nada que ver con la astrología.[54]

El Dr. Bok hizo la misma investigación utilizando «*Who's
Who in Science*» y llegó a la misma conclusión.[54]

3. Según la astrología, Marte está conectado con la violencia
y la muerte. Por esto, debería estar presente en la mayoría de los
horóscopos de criminales.

Un investigador examinó los horóscopos de 623 asesinos
para ver si Marte era predominante en sus horóscopos.

Por lo tanto, obtuvimos las estadísticas vitales de todos los criminales franceses registrados en la Corte de París. Selecciona-
mos los archivos de 623 asesinos quienes, según el juicio de los

expertos, eran los más notorios en los anales de justicia por el horror de sus crímenes. La mayoría de ellos murió bajo la guillotina. Cuando se estudiaron sus horóscopos, se vio que Marte no era particularmente fuerte entre estos archi criminales.

Las posiciones de Marte están distribuídas uniformemente entre las doce casas astrológicas, siguiendo el patrón de azar muy estrechamente; ninguna de las cifras difiere significativamente de los números teóricos esperados por casualidad. Esto es más bien desilusionante para la teoría astrológica [...] [55]

4. Barth y Bennett revisaron la predominancia de Marte entre los militares y no encontraron evidencia del «efecto de Marte»[56]

Estudios estadísticos favorables

Los astrólogos, inclinados a descartar las clases de estudios estadísticos que hemos revisado, presentan estudios estadísticos que *ellos* han hecho. ¿Qué podemos decir de estos estudios favorables?

Ante todo, la vasta mayoría de estudios estadísticos hechos por los astrólogos carecen de suficiente mérito o crédito.

La American Association of Scientific Societes investigó los estudios hechos por los astrólogos. Su conclusión fue que «ninguna de las influencias alegadas por los astrólogos fue verificada».[57]

Aun M. Gauquelin tuvo que admitir:

Nuestra primera tarea era evaluar los métodos estadísticos empleados por los astrólogos mismos. Se encontró que sus técnicas estaban seriamente limitadas: se han ignorado las leyes de la casualidad y se ha llegado a conclusiones sin respaldo.[58]

Robur, un astrólogo suizo, declaró que su investigación de 2.817 músicos reveló que la posición del sol en el momento de su nacimiento indicaba que podían tener habilidad musical. Paul Conderc, un astrónomo del observatorio de París, decidió investigar el estudio estadístico de Robur. Conderc concluye:

> La posición del sol no tiene ningún significado musical en absoluto. Los músicos nacen durante todo el año de manera casual. NINGÚN signo del zodíaco o fracción de un signo les favorece o no les favorece. Concluímos: los activos de la astrología científica son igual a cero, como es el caso con la astrología comercializada.[59]

El «efecto de Marte»

Casi todos los estudios estadísticos hechos por los astrólogos son o nada científicos o inexactos. Sin embargo, el trabajo de M. Gauquelin respecto al «efecto de Marte» sobre los soldados y atletas merece especial atención. Los astrólogos confían fuertemente en la investigación que él hizo del «efecto de Marte». Declaró que Marte predominaba en los horóscopos de los soldados y atletas que seleccionó para la investigación.

Gauquelin ha afirmado repetidamente que su investigación *no* prueba la astrología.[60] A pesar de esto, los astrólogos citan el trabajo de Gauquelin como si este probara la astrología. Gauquelin y otros sienten que su investigación *no* prueba la astrología porque la astrología clásica se basa en las reglas y cálculos de Tolomeo, que se encuentran en el *Tetrabiblos*. El trabajo de Gauquelin no corresponde siempre a las reglas de predicción de Tolomeo. Sus descubrimientos fueron una sorpresa para los astrólogos tanto como para los astrónomos.

El trabajo de Gauquelin es crecientemente sospechoso porque los científicos han levantado serias dudas sobre la suposición estadística básica de Gauquelin, su uso de las estadísticas binomiales de probabilidad, su selección de fecha, su falta de verificación externa, etc.[61]

Aun si su estudio de el «efecto de Marte» en los soldados y

atletas es validado en algún momento en el futuro, esto no tiene nada que ver con la astrología y la posición del sol, la luna y otros planetas en el momento del nacimiento de estas personas. Gauquelin no encontró *ningún* «efecto de Marte» en los criminales, ni *ningún* «efecto de Libra» en los músicos.[62] Sus descubrimientos en estas áreas harían vacilar a los astrólogos antes de declarar que el trabajo de Gauquelin prueba la astrología.

Conclusión

Hemos examinado seis argumentos populares para la astrología, y hemos visto que carecen de mérito o validez. El peso de la prueba todavía descansa firmemente sobre los hombros de los astrólogos. Hasta que puedan producir hechos empíricos y razonamiento sólido, la astrología debe ser considerada como una fe carente de fundamento, ya sea experiencia, capacidad para predecir el futuro, la Biblia, estudios de los gemelos de tiempo, astro física, o estudios estadísticos. La astrología ha sido pesada y ha sido hallada falta.

3

Ciencia y astrología:
horóscopo vs. telescopio

Los astrólogos modernos se refieren a sí mismos como astro-científicos, astro-biólogos, astrólogos científicos, etc., y han declarado reiteradamente que la ciencia ha probado la validez de la astrología. Por eso, es muy apropiado dar una mirada científica a la astrología.

Los problemas que hay con la astrología antigua

Una suposición errónea

La astrología antigua *es un sistema de creencias basado únicamente en lo que el ojo humano puede ver sin ayuda*. Los antiguos astrólogos asumían que *la «apariencia» siempre corresponde a la realidad*. Por lo tanto, sus conceptos fundamentales y principios iniciales eran errados.

Cuando Tolomeo miró alrededor, concluyó que la tierra era el centro del universo, que el sol, la luna, los planetas y las estrellas giraban alrededor de la tierra. Según lo que él *vio con sus ojos*, el sol venía del este y se ponía en el oeste.

Un fundamento religioso

El universo geocéntrico de Tolomeo no era solamente un fenómeno físico. Tenía sus raíces en un punto de vista *místico* o *religioso* del mundo, que veía al hombre como el centro de la inteligencia, la voluntad y la emoción del universo. El universo existía para el hombre y enfocaba todas sus energías cósmicas en el hombre. El pensamiento de que podría haber vida inteligente en algún otro lugar o de que la energía del universo podría estar enfocada en algún otro lugar jamás cruzó por la mente de Tolomeo.

Estas ideas formaron la base de la astrología de Tolomeo. ¿Por qué más podría él hablar de las estrellas escogiendo el destino del hombre o asumir que las estrellas podrían escoger algo o que el hombre era lo suficientemente importante como para ser escogido?

Podemos entender, por eso, que la teoría de Copérnico de que el sol era el centro de esta galaxia y de que la tierra giraba alrededor de él destruyó, al principio, la confianza de la gente en la astrología. Copérnico había atacado en realidad el concepto religioso fundamental de la astrología de que el hombre era el centro del universo. La iglesia medieval, acribillada por la astrología, condenó su punto de vista como una herejía.

La confianza en la astrología también se debilitó porque Copérnico dijo que la apariencia podría *no* corresponder a la realidad. En otras palabras, solamente porque nuestros ojos *vean* al sol moverse por el cielo *no* significa que el sol se esté moviendo en verdad. Realmente, la tierra es la que se mueve mientras el sol permanece quieto.

El universo heliocéntrico de Copérnico demolió el principio fundamental mediante el cual se trazaron los horóscopos.

La enseñanza de Copérnico no destruyó la astrología en su día. Tampoco, los astrólogos modernos se sienten afectados por el universo heliocéntrico de Copérnico, porque la astrología se basa, esencialmente, en las convicciones religiosas de Tolomeo y no en la ciencia ni en la realidad. Esta es la razón por la que la pretensión moderna de que la astrología es una *ciencia* es tan absurda. Sin sus fundamentos religiosos, la astrología no puede existir.

Los nuevos planetas

Un segundo problema es creado por la suposición de que la «apariencia» siempre corresponde a la realidad. Utilizando únicamente el ojo humano, Tolomeo vio solamente el sol, la luna, Mercurio, Venus, Marte, Saturno y Júpiter. Asumió que *no había otros planetas en nuestra galaxia*. Utilizando las posiciones de las siete estrellas *visibles*, hizo, en el *Tetrabiblos*, los cálculos que debían ser usados para trazar el horóscopo de una persona.

Urano fue descubierto en 1781, Neptuno en 1846 y Plutón en 1930. Puesto que estos planetas no estaban incluídos en los cálculos del horóscopo de Tolomeo, ¡amenazaron anular *todos* los horóscopos que se basan en sus cálculos!

El problema del descubrimiento de nuevos planetas ha provocado que los astrólogos hagan afirmaciones absurdas. Goodavage «resuelve» el problema de Urano, Neptuno y Plutón diciendo que ¡aparecieron poco antes de que fueran descubiertos![1]

Otros astrólogos han propuesto que, hasta que Urano, Neptuno y Plutón fueron descubiertos, no tenían ninguna participación en determinar nuestros destinos o controlar nuestras vidas. ¡Pero *ahora* estos planetas son una parte vital de la astrología![2]

West y Tooner sugieren que Urano, Neptuno y Plutón no son importantes puesto que afectan solamente a pocas personas destacadas y no tienen ninguna influencia en las masas.[3]

Urano, Neptuno y Plutón siempre serán motivo de vergüenza entre los astrólogos porque todo su sistema para trazar horóscopos se basa en el zodíaco de siete estrellas de Tolomeo.

Las constelaciones

El zodíaco de Tolomeo está, en realidad, basado en constelaciones que son solamente *ilusiones ópticas*. Una mirada a través de un telescopio muestra que constelaciones tales como Leo o Piscis o Sagitario no existen en realidad. Aparecen estrellas

que no son vistas por el ojo humano y desbaratan las líneas ima-
ginarias que, aparentemente, forman animales, hombres y obje-
tos que, supuestamente, forman las constelaciones. De ninguna
manera puede ser considerado científico el zodíaco de Tolomeo.

Hay otra razón por la que el zodíaco es una ilusión. Las posiciones de las constelaciones en relación con la tierra han cam-
biado. Cavendish explica:

> El 21 de marzo de cada año, los astrólogos dicen que el sol está
> en Aries. En realidad, el sol no está en la constelación Aries
> (aunque estuvo hace dos mil años) sino en la constelación Pis-
> cis. Cuando un astrólogo dice hoy que el sol está en un signo
> del zodíaco, realmente está en el signo precedente.[4]

Un zodíaco tropical

Tolomeo asumió que la tierra era plana y que todos los que
estaban en ella veían las mismas estrellas que él veía. De esa manera, desarrolló un zodíaco «tropical» que funciona solamente
si uno puede ver qué punto del zodíaco está ascendiendo en el
horizonte. Pero, más arriba de los 60 grados de latitud, uno no
puede ver qué punto del zodíaco está ascendiendo, y, por lo
tanto, no se puede trazar ningún horóscopo.[5]

Esto significa que mientras se pueden trazar horóscopos
para las personas que viven en Grecia, donde vivía Tolomeo,
¡ningún horóscopo se puede trazar para las personas que viven
en Alaska, Norte del Canadá, Finlandia, Siberia, etc!

Por eso, la astrología de Tolomeo es geográficamente limita-
da y, por lo tanto, inválida, porque no toma en cuenta a la gente
que vive sobre los 60 grados de latitud. ¿Debemos creer que estas personas escapan de la influencia del zodíaco y están libres
del horóscopo?

Politeísmo antropomórfico

La astrología de Tolomeo se basaba directamente en la presuposición religiosa de la adoración planetaria. Las estrellas eran vistas como dioses que manifiestan inteligencia, emociones y voluntad. Las estrellas sabían lo que era mejor y, con toda sabiduría, escogían el destino de cada persona. Eran capaces de sentir ira (Marte) o amor (Venus). Miraban abajo, hacia el hombre, favoreciendo a uno y quitando su favor a otro. Desde Tolomeo, los astrólogos han atribuido, constantemente, características humanas a las estrellas (p.e. Saturno es visto como malo).

En tanto que algunos astrólogos han ignorado o negado la obvia estructura, el lenguaje y el fundamento politeísta de la astrología, otros, como la autora de libros de mayor venta, Linda Goodman, han sugerido, de hecho, un regreso a la adoración politeísta de los planetas.[6] A la luz de esto, ¿cómo puede la astrología reclamar ser científica?

La precesión de los equinoccios

La astrología antigua asumía que el eje de rotación de la tierra *siempre* señalaba directamente hacia la estrella polar, y *nunca* se movía. Esta estrella marca el Polo Celestial Norte. Para comenzar los cálculos para trazar horóscopos, los astrólogos deben obtener una marcación del día del equinoccio primaveral o del día en que comienza la primavera. Sin esta marcación, ningún horóscopo puede ser trazado.

Pero ahora se puede decir la verdad:

La tierra se mueve en sentido contrario a las agujas del reloj, haciendo un círculo completo una vez al año [...] el Polo Norte describe su propio círculo en el sentido de las agujas del reloj, el punto equinóctico también avanza en la misma dirección. Esto significa que se mueve hacia atrás a razón de un grado por cada 72 años [...] Por lo tanto, con el punto equinóctico progresan-

do 1\72 de un grado, la primavera llega 1\72 de un día o 20 mi-
nutos más temprano cada año [...] Es por esto que el fenómeno
se llama la Precesión de los Equinoccios.[7]

Tolomeo asumió que el equinoccio estaba *fijo* y *nunca varia-
ba*. En realidad, ¡este se *mueve* y *varía*! No es de extrañar que
Gauquelin afirmó: «Es el descubrimiento de la precesión de los
equinoccios lo que amenaza a la astrología en su mismo fundamento, esto es, a los signos del zodíaco».[8]

Puesto que los signos del zodíaco están determinados por los
equinoccios, la marcha hacia atrás de los equinoccios significa
que todos debemos movernos un signo hacia atrás en el zodíaco. Los que *pensaron* que nacieron bajo Cáncer ¡en realidad nacieron bajo Leo! Todos hemos estado leyendo las columnas
equivocadas del horóscopo ¡porque a todos nos han dicho los
signos equivocados!

Cavendish dice: «Cuando un astrólogo dice hoy que el sol
está en uno de los signos del zodíaco, este está, en realidad, en el
signo precedente, lo cual parece arrojar alguna duda en todos
los descubrimientos astrológicos de varios cientos de años pasa-
dos».[9]

La inmensa mayoría de los astrólogos de la actualidad rehú-
san reconocer la precesión de los equinoccios. Pero un pequeño
grupo de astrólogos ha desarrollado un zodíaco móvil que iden-
tifica un «Aries» como siendo realmente un «Piscis». Ellos han
desarrollado un zodíaco sideral en oposición al zodíaco tropical
fijo de Tolomeo.

¡Estos dos campos en guerra de los astrólogos hacen lo posi-
ble por refutar los horóscopos de cada uno! Los astrólogos side-
rales prueban que la persona Aries manifiesta en realidad las
características Piscis. ¡Los astrólogos tropicales prueban que la
persona Aries manifiesta las características Aries! ¿Quién tiene
razón? Sugeriríamos que *ninguno*.

Debemos notar otra cosa en cuanto a la actitud de los astrólogos hacia la precesión de los equinoccios. Por lo general, apelan a ello cuando quieren probar que ahora estamos en la era Acuaria. Sin embargo, la repudian cuando los antagonistas lo dicen.[10]

Fallamos en ver cuán válido es usar la precesión de los equinoccios cuando le conviene a uno pero rechazarla cuando es necesario para atacar la posición de otro. Después de todo, no podemos «tener nuestro pastel y también comerlo».

Los problemas con la astrología moderna
1. *Confusión*

La astrología moderna está en un estado de confusión y de auto contradicción. Los astrólogos están, literalmente, rompiendo en pedazos los horóscopos de otros porque están trazando horóscopos conflictivos para la misma persona.

Argumentan sobre cuestiones tales como: ¿Debemos usar el zodíaco tropical o el sideral? ¿Cuándo comenzó la era de Acuario, en 1904, 1936, 1962, 1999, etc.? ¿Es Saturno una influencia *maligna* o una influencia para *justicia*? ¿La influencia de las estrellas es de una naturaleza *física* o *astral*? ¿Hay en verdad *doce* casas o solamente *ocho*? ¿Debe el zodíaco ajustarse a las constelaciones?

Los astrólogos tienen todavía que encontrar un método apropiado para poner las casas en un diagrama. Cavendish observa:

Algunos usan el sistema inventado por Camparius en el siglo once, otros, el sistema inventado por Rigiomontanus en el siglo quince, y otros han inventado sus propios métodos. Algunos comienzan la primera casa con lo ascendente, otros la comienzan cerca pero no en lo ascendente. Algunos colocan las casas espaciadas igualmente, de manera que cada casa cubra 30 grados del zodíaco, pero otros colocan las casas espaciadas desigualmente. El resultado inevitable es que los diferentes astrólogos dan diferentes interpretaciones de la misma posición planetaria, porque colocan a los planetas en diferentes casas.[11]

Todos los astrólogos serios convienen en que la astrología de periódico o la supuesta astrología de «signos solares» no tienen sentido (Presidente de la sociedad Astrológica Nacional).[12]

Evidentemente, mientras la astrología de «signos solares» es popular entre las masas, es muy impopular entre los astrólogos «serios». Su pretensión de ser una ciencia debe ser rechazada. Nadie, en realidad, conoce qué sistema o método astrológico es el correcto.

2. *Error perpetuado*

La inmensa mayoría de astrólogos han perpetuado la base científica y los errores filosóficos de Tolomeo. Todavía usan el zodíaco geocéntrico de Tolomeo, de siete estrellas de doce casas, según los cálculos en su *Tetrabiblos*. Funcionan como si no se hubieran descubierto nuevos planetas y como si la precesión de los equinoccios no sucediera.

3. Un universo que se expande

Las estrellas no están *fijas* sino que se *mueven* a tremendas velocidades. Las estrellas se alejan de nosotros velozmente y aun parpadeando mientras se mueven. El astrónomo Jastrow comenta:

> Hemos sabido, por cincuenta años, que vivimos en un universo que se expande, en el que las galaxias que están a nuestro alrededor se están alejando de nosotros y la una de la otra a enormes velocidades. El universo está inflándose ante nuestros ojos.[14]

No sabemos de ningún astrólogo que haya tratado de resolver las implicaciones del conflicto entre el universo «fijo» de la astrología y el universo real que se expande. La razón y la medida científica nos dicen que mientras más lejos las estrellas y las constelaciones se vayan, *menor* es la influencia que ejercerían sobre nosotros. ¿Debemos creer que el poder de la astrología sobre nuestras vidas está gradualmente debilitándose a medida que las estrellas se alejan?

4. Otros problemas

Todavía hay otros problemas con la astrología moderna que deben ser identificados:

A. La astrología es una explicación mística o mágica de un problema, el cual ha sido explicado por el descubrimiento del ADN y el desarrollo de la ciencia genética. Los antiguos astrólogos no tenían conocimiento de genética. Ellos explicaban las características físicas y sicológicas de la gente como siendo determinadas únicamente *desde arriba* por las estrellas. La ciencia moderna ha descubierto que tales cosas son, en gran manera, el resultado de un intercambio entre las fuerzas genéticas de *adentro*, las fuerzas ambientales de *afuera* y las decisiones libres y voluntarias que la persona hace en su vida.

B. Gemelos idénticos, fraternales y de tiempo deberían compartir la misma clase de personalidad, carrera, experiencia y muerte. Vimos en un capítulo anterior que los estudios sobre gemelos militan contra la astrología.

C. Los astrólogos nunca han dado una explicación racional ni científica de por qué el momento del nacimiento es el momento en el que el destino de una persona es «fijado» por las estrellas. ¿Por qué no es la *concepción* el comienzo de la influencia de las estrellas? ¿Por qué no la pubertad? ¿Por qué es el nacimiento el momento crucial?

Los astrólogos no dan ninguna razón para haber escogido el *tiempo* de nacimiento en lugar de escoger el *lugar* del nacimiento. Después de todo, puesto que la *localización* de los planetas es la base del zodíaco, ¿no debería ser la *localización* del nacimiento de una persona más importante que el tiempo de su nacimiento? Por eso, podemos concluir: los astrólogos modernos usan, *arbitrariamente,* el tiempo del nacimiento en vez de la concepción o su localización porque Tolomeo, arbitrariamente, escogió el nacimiento como el punto de partida. Aunque el tiempo del nacimiento es conveniente, esto no muestra que es válido.

D. ¿Qué sobre el problema de las tragedias masivas? Algunos astrólogos han admitido, de mala gana, que las tragedias masivas presentan un serio dilema para su profesión:

> ¿Tenían todos los judíos asesinados por Hitler la muerte escrita en sus horóscopos? [...] Los astrólogos sostienen que el destino del individuo está incluído en las más grandes leyes que gobiernan su ciudad, estado, nación o raza. Pero los astrólogos no pueden distinguir satisfactoriamente lo general de lo particular, y tal vez nunca pudieron.[15]

La astrología natal asume que podemos *conocer* el horóscopo de una persona. Sin embargo, las tragedias masivas *invalidan* a todos los horóscopos. Así que los astrólogos señalan a la astrología cósmica, la cual concierne al destino de una nación, como la que rige por encima de los horóscopos natales. Si esto es verdad, ¿por qué están ellos en el negocio de elaborar horóscopos natales? ¿Por qué hay solamente unos pocos astrólogos cósmicos hoy día?

Los pocos astrólogos que persisten en elaborar horóscopos para el destino de las naciones llegan a resultados que «no impresionan al científico o al estadístico, como tampoco los métodos aparentemente arbitrarios convencen al escéptico».[16]

E. La creencia en la astrología ha ocasionado graves daños sicológicos a algunas personas. Por ejemplo, una mujer fue a un astrólogo y obtuvo un horóscopo para su hijo. Después de que el astrólogo le reveló el supuesto futuro de su hijo, fue a casa y lo mató para salvarlo de un destino peor.[17] Uno se pregunta: ¿cuántos suicidios y asesinatos son el resultado de horóscopos negativos?

¿Cómo pueden los astrólogos presentar sus horóscopos como una ciencia *beneficiosa*? Apela únicamente a los que quieren respuestas rápidas y fáciles, pero que sicológicamente no pueden manejar lo que obtienen. Si la astrología fuera una ciencia, sería una ciencia mala. Como ya hemos visto, sin embargo, la astrología se clasifica mejor como religión que como ciencia.

4

Un análisis filosófico

Después de la revolución científica, la astrología perdió impor-
tancia porque fue descartada como mera suposición. La gente
pensó que, con el tiempo, esta moriría a medida que la ciencia
progresara. Sin embargo, la base y naturaleza de la astrología es,
en verdad, un punto de vista filosófico religioso del mundo. La
popularidad renaciente actual de la astrología amerita un análisis filosófico preliminar. Esto no es tan fácil como podría pare-
cer. No se encuentran referencias extensivas a la astrología en
las obras corrientes de referencia filosófica. No se le ha considerado digna de refutación o análisis de parte de los filósofos clá-
sicos.[1]

Doce interrogantes filosóficas

1. Por lo tanto, debemos preguntarnos: *¿Tiene la fe en la astrología algún fundamento en el mundo que nos rodea, o en el
hombre mismo? ¿Es la fe en la astrología un salto hacia la obs-
curidad totalmente subjetivo?*

En todos los filósofos debe haber *fe* en las presuposiciones
sobre las que descansa la filosofía. La fe que una persona tiene
en estos primeros principios filosóficos (los cuales deben ser
asumidos como verdaderos) puede ser:

a. Un salto completo en la oscuridad sin ninguna razón.
b. Una elección de en cuál presuposición él desea poner su fe
basado en razones racionales, empíricas o de otra clase.

c. Ignorancia de estas suposiciones y de dónde vinieron. De-
masiadas personas cogen sus presuposiciones como los perros
recogen pulgas.

De acuerdo a nuestra investigación, la fe del astrólogo es externa e internamente sin fundamento. La astrología es un salto
hacia la oscuridad.

2. ¿Son válidas las presuposiciones (los primeros principios)
de la astrología?

Puesto que las presuposiciones de la astrología están encaja-
das en la adoración politeísta de los planetas y en el zodíaco
geocéntrico de Tolomeo, no son válidas.

3. ¿Hay errores básicos en las presuposiciones de la astrología
que clarifican al creyente incapaz de encontrar la verdad?

La astrología se sustenta sobre el concepto erróneo de que la
apariencia siempre corresponde a la realidad. Todo el zodíaco
se sustenta sobre esta idea.

4. ¿Son los conceptos de la astrología consistentes con o contradictorios a sus propias presuposiciones?

La astrología presupone que el zodíaco es real y que refleja la
verdadera posición de los astros. Los astrólogos modernos contradicen esta opinión diciendo que el zodíaco no debe ser visto
como un mapa de las estrellas o una guía de las constelaciones.
Sin embargo, todavía dicen que el zodíaco es real, no simplemente una ilusión óptica o mito, aun cuando admiten que no
corresponde a la realidad.

5. ¿Los conceptos astrológicos están de acuerdo o se contradicen el uno al otro?

Ya hemos señalado que hay muchos conceptos conflictivos y
mutuamente contradictorios en la astrología (p. e. el zodíaco
tropical vs. el sideral, las 8 o 12 casas, etc.).

6. *¿Son coherentes los conceptos de la astrología? ¿Son comprensibles tanto como un todo como en sus partes?*

Los mismos astrólogos admiten que no entienden la astrología. Interpretan las mismas posiciones planetarias de diferentes maneras. Por lo tanto, esta no es una filosofía coherente.

7. *¿Son cohesivos los conceptos de la astrología? ¿Se «mantienen» juntos o calzan en un gran sistema?*

La astrología es una mezcla sin cohesión de presuposiciones conflicitivas y de conceptos sin ningún principio de unidad.

8. *¿Son los conceptos de la astrología refutables por sí mismos? ¿Llevan dentro de sí mismos las semillas de su propia destrucción?*

La astrología se limita a sí misma a las estrellas y constelaciones *observables* como la base para el zodíaco y para trazar horóscopos con este zodíaco. Era solamente un asunto de tiempo antes que otros planetas y estrellas fueran descubiertos, invalidando a todos los horóscopos anteriores.

9. *¿Pueden los conceptos de la astrología soportar una rigurosa exposición a la Ley de Contradicción?*

Los astrólogos se contradicen cuando se habla de las influencias de Urano, Neptuno y Plutón. Su desaprobación de la precesión del equinoccio da otro ejemplo.

10. *¿Pueden los astrólogos vivir lo que creen y creer lo que viven?*

Mientras hablan, gran parte del tiempo, en una terminología claramente *fatalista* y adscriben nuestra personalidad, carrera y aun muerte a un destino *determinado* por las estrellas, se dan vuelta en el último momento y dicen que «las estrellas no compelen sino impelen».[3]

Evidentemente, ellos quieren *hablar* de su destino como determinado por las estrellas, pero son incapaces de *vivir* a la luz de tan deprimente fatalismo.

11. *¿Son verificables los conceptos de la astrología? ¿Han sido verificados? ¿Corresponden a la realidad?*

Ya hemos revisado numerosas pruebas de la astrología que nos han demostrado que esta no corresponde a la realidad. La falta del «efecto de Marte» en los horóscopos de los criminales nos da un ejemplo. El hecho que el zodíaco ya no se basa en la actual posición de los astros nos da otro ejemplo.

12. *¿A dónde nos llevará finalmente este sistema si le permitimos ser constante, si le seguimos hasta su conclusión lógica?*

Al final, la astrología nos haría esclavos de los astrólogos. Ellos controlarían nuestros matrimonios, carreras, aun la guerra. La medicina moderna y la psicología serían destruidas. Los astrólogos nos dirían cuándo y dónde operar y culparían a las estrellas de todas las enfermedades mentales, especialmente a la luna. Los negocios colapsarían porque los trabajadores se quedarían en casa cuando los astrólogos predijeran un mal día. Los astrólogos aun nos dirían cuándo hacer el amor con nuestra pareja. El hambre y la inanición se extenderían porque los granjeros esperarían que los astrólogos les dijeran si debían y cuándo debían sembrar.

La astrología es una visión del mundo que lo consume todo, la cual puede, potencialmente, dictar todos los aspectos de nuestra vida diaria. La astrología traería, finalmente, la destrucción de la razón, de la esperanza, del sentido, del significado y del amor.

5

¿Es cristiana la astrología?

La inmensa mayoría de los astrólogos dicen ser «cristianos» en algún sentido. Así como hemos examinado su pretensión de ser «científicos», debemos examinar su pretensión de ser «cristianos».

«Cristiano» es una palabra que describe a alguien que cree en las enseñanzas de Jesucristo y de los apóstoles. Estas enseñanzas son de naturaleza histórica y bíblica. Cuando alguien se aleja de la doctrina o teología del cristianismo histórico o bíblico, ya no debería usar la palabra «cristiano» para describirse a sí mismo o describir su enseñanza. Debería inventar una nueva terminología para su nueva religión.

El cristianismo bíblico no puede estar limitado a una iglesia o denominación en particular. Se refiere a todos los que aceptan la teología de los credos y confesiones históricos, tales como el credo de los apóstoles, el credo de Nicea, etc. ?

La teología de los credos históricos está cuidadosamente articulada y es muy clara en cuanto a lo que enseña el cristianismo. Las enseñanzas cristianas esenciales se refieren a doctrinas como la trinidad, la deidad de Cristo, el nacimiento virginal de Cristo, la muerte de Cristo en la cruz como sacrificio por el pecado, su resurrección corporal y su regreso literal a la tierra. Debido a la claridad de los credos históricos, la iglesia cristiana ha podido discernir conceptos que son radicalmente anti cristianos. La iglesia ha llamado enseñanza anti cristiana a la herejía y al grupo que sigue la enseñanza de una secta.

La piedra de toque del cristianismo histórico ha sido siempre el evangelio. ¿Que es este evangelio o buenas nuevas?

Porque primeramente os he enseñado lo que así mismo recibí:
Que Cristo murió por nuestros pecados, conforme a las Escrituras; y que fue sepultado, y que resucitó al tercer día, conforme a las Escrituras (1 Corintios 15.3-4).

Porque de tal manera amó Dios al mundo, que ha dado a su
Hijo unigénito, para que todo aquel que él cree, no se pierda,
mas tenga vida eterna (Juan 3.16).

Los autores del Nuevo Testamento estaban profundamente
preocupados porque el Evangelio no fuera corrompido o negado por las enseñanzas anti cristianas. Ordenaron que las falsas
enseñanzas fueran condenadas por la iglesia.

Mas si aun nosotros, o un ángel del cielo, os anunciare otro
evangelio diferente del que os hemos anunciado, sea anatema
(Gálatas 1.8).

Es desde tal posición del cristianismo histórico y bíblico que
examinaremos el punto de vista religioso del mundo de la astrología.

La astrología es hostil al cristianismo

Aun cuando la mayoría de los astrólogos declaran ser cristianos,
son generalmente hostiles a las enseñanzas del cristianismo histórico y bíblico. Las enseñanzas de varios prominentes astrólogos servirán como ejemplos.

El «Reluctant Prophet» [Profeta reacio], de D. Logan, afirma
que Jesús *no* es el Cristo. Niega el diluvio de Noé. Rechaza la
historia bíblica de Adán y Eva. Habla con beneplácito de un an-
ticristo que viene. Dice de una secta: «La enseñanza de la ciencia cristiana es correcta».[1]

Los libros de Linda Goodman han sido éxitos de ventas.
Mientras ella misma no declara ser cristiana, se toma la molestia

de hacer afirmaciones hostiles al cristianismo. Niega que Jesús sea el Cristo y afirma que era solamente un hombre. Sugiere un retorno al politeísmo masculino y femenino. ¡Incluso declara que el pecado original de Adán y Eva era *bueno* y no malo![2]

Mientras que la señora Goodman tiene derecho a tener sus creencias, sus creencias no son aceptables para nadie que declare ser cristiano. Sus afirmaciones deberían ser juzgadas de acuerdo a la norma que establece el apóstol Juan:

> ¿Quién es el mentiroso, sino el que niega que Jesús es el Cristo? Este es anticristo, el que niega al Padre y al Hijo (1 Juan 2.22).

La astrología y la reencarnación

La hostilidad de la astrología al cristianismo bíblico se revela muy claramente en su compromiso con la teoría de la reencarnación.

La influencia de las estrellas explica *cómo* cada uno de nosotros tenemos nuestros destinos fijados al nacer. La mayoría de los astrólogos invoca la teoría de la reencarnación para explicar *por qué* todos tenemos diferentes destinos.[3]

Los destinos astrológicos están determinados por el karma de uno.[4] Un astrólogo afirmó que, mediante la reencarnación, el alma escoge el momento de su renacimiento para que coincida con un arreglo especial de las estrellas.[5]

Según las Escrituras, tenemos solamente esta vida presente para prepararnos para la eternidad. El alma del hombre no preexistió a su concepción en el útero. Él no es reciclado en innumerables series de renacimientos. El karma es un mito. La muerte de Cristo en la cruz pagó la deuda que teníamos con la ley de Dios por causa de nuestros pecados. La muerte de Cristo en el lugar del hombre hace de la reencarnación cósmica tanto innecesaria como falsa.

La astrología es condenada por la Biblia

Ya hemos investigado numerosos pasajes de las Escrituras en los cuales la astrología es condenada por Dios como abominación. Puesto que un cristiano es uno que cree en la Biblia como la Palabra de Dios, ningún cristiano puede creer en algo que Dios ha condenado como error.

Algunas personas argumentan que la iglesia ha suprimido y excluido del canon ciertos «libros perdidos». Estos, supuestamente, indican que Jesús creía en la astrología y en la reencarnación. *The Unknown Life of Christ* [La vida desconocida de Cristo] y *The Aquarian Gospel* [El Evangelio de Acuario] son los más conocidos de estos libros.

El Dr. Edgar J. Goodspeed, de la Universidad de Chicago, fue uno de los más grandes eruditos del Nuevo Testamento que Norteamérica ha producido. En su libro *Modern Apocrypha* [Libros apócrifos modernos] (Beacon Press, Boston, 1956), examinó *The Unknown Life of Christ* y *The Aquarian Gospel* y todos los otros supuestos libros perdidos de la Biblia. Demostró que eran un completo fraude. Por ejemplo, algunos de los supuestos libros perdidos de la Biblia escritos durante la Edad Media describen a Jesús y a los apóstoles usando prendas de vestir comunes solamente a la Edad Media. Contienen información histórica inexacta y afirmaciones fraudulentas. La declaración de Notovitch de que recibió *The Unknown Life of Christ* de manos del Lama principal del Monasterio de Himis fue investigada por un equipo que viajó al monasterio. El Lama principal declaró bajo juramento que Notovitch nunca lo había visitado. Cuando el libro de Notovitch le fue leído al principal Lama, él exclamó: «Mentiras, mentiras, mentiras, nada más que mentiras».

La astrología es politeísta

La adoración planetaria original de la astrología todavía explica cómo las estrellas determinan nuestro destino. Las estrellas son vistas como deidades que tienen la voluntad y el poder para determinar el destino del hombre.

En contraste, el cristianismo está totalmente comprometido con el monoteismo. Por lo tanto, los cristianos no pueden ser engañados por una antigua religión politeísta solamente porque esta intenta vestirse de la terminología científica del siglo veintiuno.

La astrología es oculta

La palabra «oculta» describe esos instrumentos, habilidades y ritos que la Biblia prohibe porque son satánicos en su origen y poder.

Cuando la iglesia cristiana declaró ilegales todas las prácticas ocultas porque eran condenadas por Dios en la Biblia, todas las prácticas ocultas tuvieron que hacerse en secreto para escapar a la persecución. Por eso, la palabra latina *occultus,* que significa «escondida» o «no vista», fue usada para describirlas.

La gente se involucra en prácticas ocultas, tales como la astrología, por una de o todas las siguientes razones:

1. Para obtener conocimiento sobrenatural del futuro.

2. Para obtener poder sobrenatural para manejar la condición presente y futura de uno.

3. Para obtener acceso al mundo espiritual para contactar los muertos con los vivos.

4. Para contactar a Satanás y a las huestes demoníacas.

La astrología siempre ha sido, y todavía es, una rama de la magia negra. ¿Es de sorprenderse que las religiones ocultas de nuestro día (la Iglesia de la Luz, el Rosacrucianismo, la Teosofía, etc.) estén a la delantera del movimiento astrológico?

Si la astrología no es ocultista, ¿por qué encontramos astrólogos tales como Daniel Logan involucrados en psicometría, sesiones de espiritismo, trances, médiums y espíritus?[7] ¿Por qué
West, Tooner y Russell asocian el avivamiento moderno de la
astrología con el surgimiento del espiritismo en el pasado siglo
diecinueve?[8] ¿Por qué Newall asocia la astrología con la brujería, las sesiones y el espiritismo?[9] ¿No practicó el Dr. Dee la
contemplación de cristales?[10] Si la astrología no es ocultista,
¿por qué tiene talismanes: joyerías zodiacales tales como ani-
llos, collares, medallones, prendedores, etc.?[11] ¿Por qué los astrólogos afirman que es necesaria la «intuición síquica» para
trazar horóscopos exactos?[12]

La única respuesta razonable es que la astrología es un arte
ocultista y mágico.

La astrología es un pobre sustituto de la revelación

Después de todos los años de investigación científica y de descubrimientos arqueológicos, no se ha demostrado ni una sola
vez que la Biblia estuviera en error en cualquier punto. Siempre
que la Biblia predijo algún acontecimiento, este sucedió.[13]

Cuando se comparan los fracasos y las contradicciones internas y externas de la astrología con la confiabilidad de la Biblia,
la astrología resulta ser la perdedora.

Moisés estableció una regla respecto a las predicciones que
debemos examinar en este punto:

Y si dijeres en tu corazón: ¿Cómo conoceremos la palabra que
Jehová no ha hablado?; si el profeta hablare en nombre de
Jehová, y no se cumpliere lo que dijo, ni aconteciere, es palabra
que Jehová no ha hablado; con presunción la habló el tal profeta; no tengas temor de él (Deuteronomio 18.21-22).

Moisés señala que los profetas de Dios *nunca* fallan en predecir el futuro con exactitud. Por lo tanto, podemos descubrir a un falso profeta muy fácilmente. *Una predicción falsa lo hace un falso profeta.* Los astrólogos han fallado repetidamente en predecir el futuro. Según Moisés, son falsos profetas que conducirán al pueblo al error.

La astrología produce una baja concepción del hombre

La astrología presenta al hombre como el juguete de las estrellas que rigen sobre cada faceta de su vida.

Cuán diferente es la concepción bíblica del hombre. Somos creados a la imagen de Dios. Esta imagen no es una analogía *física* pues Dios es espíritu, sin carne ni huesos (Números 23.19; Lucas 24.39; Juan 4.24). La imagen de Dios se refiere a ciertas capacidades y aptitudes del hombre que son un reflejo de la naturaleza y carácter de Dios.

Cuando Dios creó al hombre, lo puso sobre la tierra y le dio autoridad sobre los animales. El hombre tiene la responsabilidad de ejercer dominio sobre el cosmos.

> Y creó Dios al hombre a su imagen, a imagen de Dios lo creó; varón y hembra los creó. Y los bendijo Dios, y les dijo: Fructificad y multiplicaos; llenad la tierra, y sojuzgadla, y señoread en los peces del mar, en las aves de los cielos, y en todas las bestias que se mueven sobre la tierra (Génesis 1.27-28).

Los cristianos bíblicos se oponen a toda forma de determinismo. El hombre no es una máquina programada por la genética o un animal condicionado por el medio. El hombre es hecho a la imagen de Dios. Aunque el mundo puede influir en él en algún grado, no puede controlarlo completamente ni determinar su destino. El hombre nace libre.

Para los cristianos, la función de las estrellas es contar «la gloria de Dios» y anunciar «la obra de sus manos» (Salmos 19.1), no guiar el destino del hombre. Es *idolatría* atribuir a las estrellas lo que pertenece *solamente* al Dios que las creó. Es pura tontería mirar a las estrellas en vez de a las Escrituras.

Las palabras de Isaías a los astrólogos de su día son igual de verdaderas ahora:

Te has fatigado en tus muchos consejos. Comparezcan ahora y te defiendan los contempladores de los cielos, los que observan las estrellas, los que cuentan los meses, para pronosticar lo que vendrá sobre ti. He aquí que serán como tamo; fuego los quemará, no salvarán sus vidas del poder de la llama; no quedará brasa para calentarse, ni lumbre a la cual se sienten. Así te serán aquellos con quienes te fatigaste, los que traficaron contigo desde tu juventud; cada uno irá por su camino, no habrá quien te salve (Isaías 47.13-15).

Conclusión

La teoría y práctica de la astrología ha sido examinada en términos de su origen, historia, argumentos populares, credibilidad
científica, integridad filosófica y su compatibilidad con el cristianismo histórico y bíblico. La teoría de la astrología falla en
validar sus aseveraciones de ser científica y filosóficamente creí-
ble. Sus contradicciones internas y la evidencia científica contra
ella son conclusivas para los que se acercan a ella con una mente
abierta. La astrología es simplemente la forma moderna de la
antigua adoración planetaria. Su lenguaje y *raisón d'etre* son
claramente politeístas y antropomórficos. Como una visión religiosa del mundo, es incompatible con el cristianismo. Ha sido
pesada en las escalas de la historia, la ciencia, la filosofía y el
cristianismo y ha sido encontrada carente de cualquier validez.
Su única apelación al hombre moderno es por medio de la su-
perstición y la magia. No hay ningún lugar para la astrología en
la vida de un creyente cristiano.

Bibliografía de las obras astrológicas consultadas

Astrology, ed. Lynch. N.Y.: Viking Press, 1902.

Benjamine, E. *Beginners Horoscope*, Ca.: The Church of Light, 1943.

Cavendish, R. *The Black Arts*. Capricorn Books, 1967.

Davison, R. *Astrology*. N.Y.: A.R.C. Books, 1964.

Doane & Keyes. *Tarot-Cards Spreader*. N.Y.: Parker Pub. Co., Inc.

Gauquelin, M. *The Cosmic Clocks*. N.Y.: Henry Regency Co., 1967.

_____. *The Scientific Basis of Astrology*. N.Y.: Stein & Day, 1969.

Glass, J. *They Foresaw the Future*. N.Y.: C.P. Putnam's Sons, 1969.

Goodavage, J. *Astrology—The Space Age Science*. N.Y.: New American Library, 1960.

Goodman, L. *Linda Goodman's Love Signs*. N.Y.: Harper & Row Pub., 1978.

_____. *Linda Goodman's Sun Signs*. N.Y.: Toplinger Pub. Co., 1968.

Heindel M. & Heindel A. *The Message of the Stars*. The Rosicrucian Fellowship, 1963.

_____. *Simplified Scientific Astrology*. The Rosicrucian Fellowship, 1928.

Howe, E. *Astrology*. N.Y.: Walker & Co., 1968.

Leek, Sybil. *My Life in Astrology*. N.J.: Prentice-Hall, Inc., 1972.

Logan, D. *The Anatomy of Prophecy*. N.J.: Prentice-Hall, Inc.

_____. *The Reluctant Prophet*. N.Y.: Doubleday & Co., 1980.

_____. *Your Eastern Star*. N.Y.: William Morrow & Co., 1972.

Lyndoe, E. *Astrology for Everyone*. E.P. Dutton & Co., Inc., 1970.

Newall, V. *The Encyclopedia of Witchcraft & Magic*. N.Y.: Dial Press, 1974.

Pagan, I. *From Pioneer to Poet*. Ill.: Theosophical Pub. House, 1969.

Parker, D. *Astrology in the Modern World*. N.Y.: Toplinger Pub. Co., 1976.

Rudhyar, D. *The Astrological Houses*. N.Y.: Doubleday & Co., 1972.

Rudhyar, D. *The Astrology of America's Destiny*. N.Y.: Random House, 1974.

Russell, E. 1974.

Russell, E. *Astrology and Prediction*. N.Y.: Drake Pub., 1973.

Sakoian F. & Acker L. *The Astrologer's Handbook*. N.Y.: Harper & Row Pub., 1973.

The Complete Prophecies of Nostradamus, Tr. H.C. Roberts, N.Y.: Nostradamus, Inc., 1978.

Van Deusen, E. *Astro-Genetics*. N.Y.: Doubleday & Co., Inc., 1976.

West, J. & Tooner J. *The Case for Astrology*. N.Y.: Coward-McCann, Inc., 1970.

Bibliografía sugerida para estudios adicionales

Chang, Lit Sen. *Zen-Existentialism*. N.J.: Pres. & Ref. Pub. Co., 1961.

Goodspeed, E. *Modern Apocrypha*. Boston: Beacon Press, 1956.

Kurt, K. *Satan's Devices*. Mich.: Kregel Pub., 1978.

Machen, G. *The Origin of Paul's Religion*. Grand Rapids: Wm. B. Eerdmans Pub. Co., 1965.

Mackay, C. *Extraordinary Popular Delusions*. Boston: L.C. Page & Co., 1932.

McDowell, J. *Evidence That Demands a Verdict*. Campus Crusade For Christ, Inc., 1979.

Montgomery, J. *Principalities and Powers*. Bethany House Pub., 1973.

Morey, R. *The Christian Handbook for Defending the Faith*. N.J.: Pres. & Ref. Pub. Co., 1979.

_____. *Reincarnation and Christianity*. Minn.: Bethany House Pub., 1980.

_____. *The Saving Work of Christ*. Sterling, Va.: G.A.M., 1980.

Newport, J. *Demons, Demons, Demons*. Broadman Press, 1972.

Noorberger, R. *The Soul Hustlers*. Mich.: Zondervan Pub. Co., 1976.

Petersen, W. *Those Curious New Cults*. Conn.: Keats Pub., Inc., 1973.

Schaeffer, F. *He Is There and Is Not Silent*. Ill.: Tyndale House Pub., 1972.

Unger, M. *Demons in the World Today*. Ill.: Tyndale House Pub., 1971.

Wilburn, G. *The Fortune Sellers*. Regal, Ca., 1972.

Notas

Notas del capítulo uno

1. Glass, J., *They Foresaw the Future* (N.Y.: C.P. Putnam's Sons, 1969), p. 11.
2. Horoscope Guide (junio de 1980, A.J.B.H. Pub.), p. 16. *International Standard Bible Encyclopedia* ed. J. Orr, Vol. I. (Mich.: Wm. B. Eerdmans Pub. Co. 1934), pp. 298, 300.
3. Keil & Delitzsch, *Biblical Commentary on the Old Testament* n.d., Vol. II, (Mich.: Wm. B. Eerdmans Pub., Co.) p. 416.
4. Vea el *Englishman's Hebrew and Chaldee Concordance*, Appendix, p. 10, para todas las referencias a Baal en el Antiguo Testamento.
5. La adoración a Asera se menciona en los siguientes pasajes: Éxodo 34.13; Deuteronomio 7.5; 12.3; 16.21-22; Jueces 3.7; 6.25-32; 1 Reyes 11.5; 14.15, 23; 15.13; 16.33; 18.19; 2 Reyes 13.6; 17.10-16; 18.4; 21.3-7; 23.4-20; 2 Crónicas 14.13; 15.16; 17.6; 19.3; 24.18; 31.1; 33.3, 19; 34.3-7; Isaías 17.8; 27.9; Jeremías 17.2; Miqueas 5.14.
   Los eruditos están divididos en cuanto a si Asera se refería a la luna, al planeta Venus o a ambos combinados. Para una investigación más amplia vea:
   Alexander, J., *Isaiah* (Mich.: Zondervan Pub. Co., 1962), p. 336.
   Laetsch, T., *The Minor Prophets* (Mo.: Concordia Pub. House, 1956), p. 277.
   Lange's Commentary (Mich.: Zondervan Pub. Co., 1960), Vol. 2 (Deuteronomio), p. 99; Vol. 3 (2 Reyes), pp. 169, 186; Vol. 6 (Isaías), p. 213.
   Delitzsch, F., *Isaiah* (Mich.: Wm. B. Eerdmans Pub. Co., 1967), p. 342.
6. Keil, C.F., *The Book of Kings* (Mich.: Wm. B. Eerdmans Pub. Co., 1950), pp. 469-470.
7. Lange, ibid., Vol. 3 (2 Reyes), p. 261.

8. Keil, C.F., *Biblical Commentary on the Prophecies of Ezekiel,* pp. 122-124.

9. I.S.B.E., Vol. I., p. 300.

10. Abell, G., Humanist (enero a febrero de 1976), p. 34.

11. Esto está aceptado universalmente.
    Davison, R., *Astrology* (N.Y.: A.R.C. Books Inc., 1963), p. 15.
    Gauquelin, M., *The Scientific Basis of Astrology* (N.Y.: Stein & Day, 1969), p. 96.
    Rudhyar, D., *The Astrology of America's Future* (N.Y.: Random House, 1974), p. 8.
    Jerome, L., Humanist (septiembre a octubre de 1975), p. 13.

12. *The Apostolic Fathers*, Tr. J.B. Lightfoot (Grand Rapids, Mich.: Baker Book House, 1956).

13. *The Confessions of Saint Augustine* (N.Y.: Collier Books, 1966), pp. 50-51.

14. La astrología fue penalizada en Inglaterra en el Acta de la Brujería de 1735 y el Acta de la Vagancia de 1829.

15. Russell, E., *Astrology and Prediction* (N.Y.: Drake Pub., Inc., 1973), pp. 80-81.

16. Newall, V., *The Encyclopedia of Witchcraft & Magic* (N.Y.: Dial Press, 1974), p. 25.

17. Ibid, p. 24.

18. Russell, ibid, p. 98.
    Morey, R., *Reincarnation and Christianity* (Minn.: Bethany House Pub., 1980), pp. 12-13.

19. Russell, ibid, p. 113.

Notas del capítulo dos

1. Gauquelin, M., *The Scientific Basis of Astrology* (N.Y.: Stein & Day, 1969), p. 132.

2. Van Deusen, *Astro-Genetics* (N.Y: Doubleday & Company, Inc., 1976), pp. 81, 124 ff.

3. Human Behavior (abril de 1975), p. 31.

4. Russell, ibid, pp. 115-117.

5. Gauquelin, M., ibid, p. 119.

6. Russell, ibid, pp. 152, 80, 88.

También vea: Glass, J., *They Foresaw the Future* (N.Y.: C.P. Putnam's Sons, 1969).

7. Cavendish, ibid, p. 206.
8. Unger, M., *Demons in the World Today* (Ill.: Tyndale House Pub., 1971), p. 61.
9. Ibid, p. 9.
10. Russell, ibid, p.60.
11. Ibid, p.77.
12. Ibid, p. 91.
13. Ibid, p. 13.
    Noorberger, ibid, p. 175.
14. Russell, ibid, p. 114.
15. Ibid, pp. 115-117.
16. Goodavage, J., *Astrology: The Space Age Science* (N.Y.: Parker Pub. Co., 1966), p. 211.
17. Gauquelin, M., ibid, p. 133.
18. Russell, ibid, p. 119.
19. Logan, D., *The Reluctant Prophet* (N.Y.: Doubleday & Company, 1968), p. 207.
20. Noorberger, ibid, p. 18.
21. Vea: West, J. & Tooner, J., *The Case for Astrology* (N.Y.: Coward-McCann, Inc., 1970), p. 190.
    MacRay, C., *Extraordinary Popular Delusions* (Boston: L.C. Page & Co., 1932), pp. 265-267.
22. *The Complete Prophecies of Nostradamus*, Tr. de H.C. Roberts (N.Y.: Nostradamus, Inc., 1978).
23. Mackay, ibid, p. 280.
24. *The Complete Prophecies of Nostradamus*, ibid, pp. 11, 236.
25. Ibid, p. 342 (#91).
26. Ibid, p. 236.
27. Ibid, p. 265 (#7).
28. Ibid, p. 24 (#49).
29. El intento de Roberts de fechar desde el Concilio de Nicea cuando quiere explicar 1607, 1700, etc. está claramente «prejuiciado» cuando pone la fecha 1792 (p. 236), porque piensa que se cumplió.
30. Russell, ibid, p. 73.

31. Ibid.
32. Russell, ibid, p. 28 ff.
    Goodavage, ibid, pp. x1, 43.
    Tyler, C., Horoscope Guide (junio de 1980), p. 8.
33. Russell, ibid, p. 28 ff.
34. Ibid, p. 55.
35. Ibid, p.52. Que el cristianismo no se desarrolló fuera de esta
    secta griega misteriosa, vea: Machen, G., *The Origin of Paul's
    Religion* (Mich.: Wm. B. Eerdmans Pub. Co., 1965). El apóstol
    Pablo escribió el libro de Colosenses, del Nuevo Testamento,
    para refutar el gnosticismo.
36. Goodavage, ibid, p. 43.
37. Ibid, p. xl.
38. Ibid.
39. Gauquelin, M., ibid, p. 124.
    Van Tine, E., Horoscope Guide (junio de 1980), p. 82.
    Pagan, I., *From Pioneer to Past* (Ill.: Theosophical Press, 1969),
    p. IX.
40. Bouw, G., «On the Star of Bethlehem», Creation Research So-
    ciety Quarterly, (diciembre de 1980), Vol. 17, No. 3, p. 179.
41. Davison, ibid, p. 12.
    Goodavage, ibid, pp. 1-15.
42. Eriksen, W. Keith, «The Inaccuracy of Astrological Research»,
    The Humanist, (noviembre a diciembre de 1976), pp. 43-44.
43. Gauquelin. M., *The Cosmic Clocks* (N.Y.: Henry Regency Co.,
    1967), p. 85.
44. Strange Stories, Amazing Facts, Reader's Digest Ass., Inc.,
    1976, p. 52.
45. Davison, ibid, p. 16. Gauquelin, M., Basis, p. 198. Goodavage,
    J., ibid, p.40.
46. Davison, R., ibid, p. 11.
    Gauquelin, M., Clocks, p. 122 f.
    Gauquelin, M., Basis, p. 189 ff.
    Goodavage, J., ibid, p. 40.
47. Gauquelin, M., Cosmic Clocks, p. 122.
    Goodman, L., *Sun Signs* (N.Y.: Toplinger Pub. Co., 1968), p.
    541.

Strange Stories, Amazing Facts, p. 52.

48. Ratzen, L., «The Astrology of the Delivery Room», The Humanist (noviembre a diciembre de 1975), p. 123.
49. Sagan, C., *Other Worlds* (N.Y.: Bantam Books, 1975), p. 123.
50. *Los Angeles Times* (14 de septiembre de 1975).
51. Benjamine, E., *Beginner's Horoscope* (Ca.: The Church of Light, 1943).
52. Gauquelin, M., Clocks, p. 81.
53. Ibid, pp. 81-82.
54. Scientific Monthly (marzo de 1941).
55. Gauquelin, M., ibid, p. 85.
56. J.I.R. (20 de junio de 1973).
57. Gauquelin, M., ibid, p. 85.
58. Ibid, p. 82.
59. Montgomery, J., *Principalities and Powers* (Pyramid Pub., 1975) pp. 105-106.
60. Gauquelin , M., «The Influence of Planets on Human Beings», The Humanist (enero a febrero de 1976), p. 29.
61. Para una investigación más amplia, se deben consultar los debates entre Gauquelin y los científicos conectados con The Humanist y The Skeptical Inquirer. El hecho de que Gauquelin ha querido hacer a un lado su propio método estadístico y adoptar el fijado por Marvin Zeller ha dejado la conclusión de su trabajo en el aire. Los resultados no se han publicado todavía.
62. Gauquelin, ibid, pp. 81-82.

Notas del capítulo tres

1. Goodavage, J., ibid, pp. 172-173.
2. Cavendish, ibid, p. 208.
3. West & Tooner, ibid, p. 134.
4. Cavendish, ibid, p. 191.
5. Gauquelin, ibid, p. 78.
6. Goodman, L., *Linda Goodman's Love Signs* (N.Y.: Harper & Row. Pub., 1978), p. 20 f.
7. Le Gross, G., «The Aquarian Age», *Horoscope Guide* (junio de 1980), pp. 35-37.

 8. Gauquelin, Basis, p. 131.
 9. Cavendish, ibid, p. 191.
10. Le Gross, ibid, pp. 35-36.
11. Cavendish, ibid, p. 201.
12. The Humanist (noviembre a diciembre de 1975), p. 24.
13. Russo & Bermingham, The Humanist (noviembre a diciembre de 1975), p. 24.
14. Jastrow, R., *God and the Astronomers* (Canadá: Reader's Library, Inc., 1978), p. 13.
15. West & Tooner, ibid, p. 141.
16. West & Tooner, ibid, p. 141.
17. Newport, ibid, p. 104.

Notas del capítulo cuatro

1. The Encyclopedia of Philosophy no trata a la astrología como una materia de análisis aparte, sino que se refiere a esta solamente unas pocas veces como una nota bibliográfica en la vida de alguien.
    Windelband, en su *A History of Philosophy*, vol. II. p. 373 f., afirma que «La astrología, con su influencia de las estrellas en la vida humana, la interpretación de los sueños y signos, la necromancía con su conjunción de espíritus, las predicciones de las personas en estado de éxtasis... todos estos elementos de la adivinación estoica y neo platónica estaban entonces en un florecimiento lujurioso» (refiriéndose a la Edad Media). Copleston, S.J., en su *A History of Philosophy*, vol. 2, Part II, p. 166, menciona a la astrología solamente como una nota bibliográfica sobre Roger Bacon. La astrología no ha sido materia de mucho análisis filosófico.
2. Morey, R., *A Christian Handbook for Defending the Faith* (N.J.: Pres. & Ref. Pub. Co., 1979). En este libro se desarrollan dieciocho asuntos filosóficos que pueden ser aplicados a cualquier visión filosófica del mundo. En este libro se establece, también, la manera en que el cristianismo bíblico satisface todos los interrogantes.
3. *Linda Goodman's Sun Signs*, p. 547.

Notas del capítulo cinco

1. Logan, D., ibid, pp. 200, 202, 209.
2. Goodman, L., *Love Signs*, ibid, pp. 8, 20, 21.
3. Según una encuesta, más del 75% de los astrólogos en los Estados Unidos cree en la reencarnación. Vea: Davison, *Astrology*, p.12.
   Logan, D., *Your Easter Star*, p. 38, Pagan, ibid, p. XIII. Astrology, ed. Lynch, p.17.
   Parker, D., *Astrology in the Modern World*, pp. 54-57, 103, 130.
4. Goodman, L., *Love Signs*, p. 12.
5. Aher, D., *St. Paul Dispatch* (18 de septiembre de 1975).
6. Vea: Cavendish, *The Black Arts*, p. 219 f.
   Leek, S., *My Life in Astrology* (N.J.: Prentice-Hall, Inc., 1972).
7. Logan, *Reluctant Prophet*, pp. 63, 64, 65, 169, 170.
8. West & Tooner, ibid, p. 101.
9. *Encyclopedia of Witchcraft and Magic*, p. 65.
10. Russell, ibid, p. 81.
11. Cavendish, ibid, p. 219.
12. Davison, ibid, p. 138.
13. La Biblia no se contradice a sí misma y nunca ha demostrado contener errores de hecho ni en la historia ni en la ciencia. Para una investigación más amplia, vea: McDowell, J., *Evidence That Demands a Verdict* (Campus Crusade for Christ, Inc., 1979).
    Schaeffer, F., *He is There and Is Not Silent* (Ill.: Tyndale House Pub., 1972).
    Schaeffer, F., *No Final Conflict* (Ill.: Inter-Varsity Press, 1975).
    Can I Trust my Bible? (Chicago: Moody Press, 1968).
    Morey, R., *A Christian Handbook for Defending the Faith* (N.J.: Pres. & Ref. Pub., Co., 1979).